Dankzettel

Petrus Ceelen

Dankzettel

Wie Worte weiter wirken

Dignity Press
World Dignity University Press

Copyright © 2022 Petrus Ceelen

Veröffentlicht durch:
Dignity Press
16 Northview Court
Lake Oswego, OR 97035, USA

ISBN 978-1-937570-02-6

Mehr zum Buch: www.dignitypress.org/dankzettel

Abbildungsnachweis: Einband und S. 10, 21, 51, 90, 138: Karl Bechloch; S. 28: Brigitte Volz

Gedruckt auf Papier aus nachhaltiger Forstwirtschaft, siehe www.ingramcontent.com/publishers/resources/environmental-responsibility

Inhalt und Autoren

Dank wie Denk Zettel	9
Ein Wort geht in die Welt – *Ludwig Hesse*	11
Ein Geschenk des Himmels – *Marina und Ernst*	15
Jeden Tag neu – *Tanja*	18
Anders … Andere … – *Konrad*	20
Aus dem Brief eines Gefangenen – *Georg S.*	24
Weitergeschrieben – *†Frau Förster*	26
Verwundet - Vernarbt - Verwandelt – *Brigitte Volz*	28
Der Stein auf meinem Herzen – *Claudi*	30
Endlich leben – *Schwester Rosalie*	33
Was wir so sagen – *Edith*	35
Hinter Gittern – *Joachim Scheu*	38
Worte wirken nach – *Carmen*	41
Zum katholisch werden – *Traugott Plieninger*	44
Schweigen – *Stephan Tausch*	47
Ein Hamperle – *†Manfred, Claudia, Petruschka Putkin*	50
Wo warst du? – *Marliese*	53
Liebe macht sehend – *Katrin*	56
Mama – *Christiane*	57
Liebe Lacherinnen und Lacher – *Gabi*	60
Mitten unter uns – *Silke*	63
Ohne Worte – *Thile*	65
Jeden Tag aufstehen – *Marie-Anna*	69

Kein bisschen Herzblut verloren – *Isabell*	72
Gut, dass es dich gibt! – *André, Marianne*	74
Mein Lieblingsbuch – *Marlies*	76
Abgestoßen - abgestorben – *Markus*	78
Du wirst sehen ... – *Wolfram*	82
Mein Begleiter – *Monika*	86
Worte, die mir beibleiben – *Mary*	89
Öffne das Buch und es öffnet dich ... – *Fritz Philipp*	91
Mein Glück! – *Sonja*	94
Gebrochene Lebensläufe – *Maria Nestele*	96
Ich kann schreiben – *Helmut P.*	99
Geber wie Beschenkter – *Josef*	103
Sein Licht leuchten lassen – *Ingrid*	104
Manche Menschen wissen nicht – *Sabine*	107
So leb dein Leben – *Jens-Uwe*	110
Ute – *Manfred Jarmer*	113
Die letzte Zigarette – *Michael King*	117
Dich wieder sehen – *Anne R.*	120
Ver-rückt – *Ein Friedhofsaufseher*	121
Der letzte Umzug – *Rosemarie Faller*	123
Friedhofsgeschichten – *Ulrike*	124
Innere Ruhe – *Roland, Susanne*	126
Weit wirken Worte – *Anne*	129
Nachwort	132
Der Petrus-Segen	139
Verwendete und weiterführende Werke	140

Dank wie Denk Zettel

Da sagt mir eine Dame: „Ihr Buch liegt bei mir auf dem Nachtschränkchen und ich schlafe jeden Abend mit Ihnen ein." Bei anderen liege ich neben der Kaffeemaschine, auf dem Küchentisch oder stehe verstaubt im Bücherregal. Vor kurzem bekannte ein Freund mir freimütig: „Petrus, bei uns liegst du auf dem Klo." Nun ja, die Klopapierrolle bietet ja auch eine Reihe kleiner Denkzettel und ist eigentlich ein großer Dankzettel: Wie gut, wenn ich loslassen kann!

Leserinnen und Leser sind mir an allen Orten des täglichen Lebens zugeneigt. Das macht meinen Verleger nicht verlegen, aber mich. Trotzdem freut es mich, dass viele meine Bücher lesen und ich noch nicht ausgelesen bin. Und ich wundere mich manchmal schon, was Worte bewirken können. Da schreibt mir eine Frau aus der Psychiatrie: „Ich wollte mir das Leben nehmen. Und dann fiel mir Ihr Buch *So wie ich bin – Gespräche mit Gott* in die Hände. Und darin las ich einen Satz, der mich vom Suizid abgehalten hat." Kaum zu glauben, dass ein paar Worte einem Menschen das Leben retten können. Worte wirken weiter. Mancher Satz begleitet uns ein Leben lang. Das letzte Wort der Mutter auf dem Sterbebett. Ein gutes Wort wirkt wie Balsam. Im Gefängnis habe ich erfahren, wie sich Worte negativ auswirken: „Du wirst sehen, aus dir wird nichts ..."

Wie Worte weiterwirken, davon erzählen Weggefährten, Frauen und Männer in verschiedensten Lebenslagen, Menschen hinter Gittern ... Sie schreiben, wie sie sich in dem einen oder anderen Text wiederfinden, was dieser eine

Satz für sie bedeutet. Manchmal ist es ein Buchtitel, der hilft, schwere Zeiten zu überstehen.

Ich danke allen, die mit ihrem Beitrag dieses vielseitige Buch ermöglicht haben. Danke für die ganz persönlichen Geschichten, mit Herzblut geschrieben. Danke für die Briefe. Dankzettel, die zu denken geben. An mehreren Stellen habe ich meinen eigenen Denkzettel eingefügt – mitunter eindeutig zweideutig.

Mancher Text in diesem Buch klingt schon wie ein Nachruf; da habe ich das Nachwort lieber selbst geschrieben. Ich hatte ja schon immer gerne das letzte Wort.

Euer Petrus

P.S. Besonders bedanken möchte ich mich bei meinem Freund Karl Bechloch, der auch diesmal wieder das Titelbild gemalt hat. Seine Illustrationen und Cover-Bilder bereichern auch dieses Buch. Seit 35 Jahren bringt der Lebenskünstler meine Texte ins Bild und lässt mich heute alt aussehen.

Nicht zuletzt gilt mein großer Dank Uli Spalthoff, dem Ein-Mann-Verlag, der ehrenamtlich für Dignity Press seit vielen Jahren weltweit Bücher zu sozialen Themen herausbringt und auch diese Dankzettel, Denk Zettels Schwester unter Wehen zur Welt gebracht hat. Es ist erst unser neuntes Kind. Ob da doch noch was nachkommt und ich wieder schwanger werde?

Ein Wort geht in die Welt

Worte sind wie Kinder. Bevor sie ausgesprochen werden können, gehen wir lange mit ihnen schwanger. Natürlich meine ich nicht das Gerede, das unserem Mund entweicht, bevor wir nachgedacht haben. Worte sind geplant und gereift. Und dennoch setzen wir sie in die Welt, ohne wirklich fertig zu sein mit ihnen. Wir könnten immer daran feilen.

Dass Worte ein Eigenleben entfalten mit unerwarteten Wirkungen, das gilt insbesondere für veröffentlichte Gedanken. Solche Texte begegnen anderen Menschen, anderen Lebensgeschichten und Sichtweisen. Sie regen an, regen auf, stoßen an, reizen zum Widerspruch und zum Weiterdenken. Ich weiß das gut, weil ich selbst hier und da Texte in die Welt setze. Die machen sich dann auf wie Kinder, die in die Welt hinausziehen. Sie entwickeln ihre eigene Geschichte. Ich kann sie nicht zurücknehmen, ich kann nur wünschen, sie mögen auf fruchtbaren Boden fallen.

Oft bin ich erstaunt, den Weg eines Textes erklärt zu bekommen. Eine Frau erzählt: „Ihren Text habe ich meiner Tochter weitergegeben, die hat ihn dann ihrer Freundin empfohlen, die sich gerade in einer schwierigen Lebenslage befindet." Damit habe ich nicht gerechnet. Ich weiß nicht, für wen ich schreibe. Aber dieses Nichtwissen macht die Sache eigentlich erst spannend, das ist der Unterschied zu einem Brief.

Lieber Petrus Ceelen,

Du bist ein Freund der kleinen Texte, der Verdichtungen. Oft genug schlägt ein Wort von Dir an die Glocke meines

Herzens, regt an, bestätigt, ermutigt, hinterfragt, was gerade in meinem Leben geschieht. Darum kann ich ja Deine Worte immer wieder lesen und befragen, weil mein Leben und die Welt heute in anderem Licht erscheinen und Deine Gedichte darum anders klingen.

Ich will Dir von meinem Freund Norbert erzählen. Wir fanden einander erst in der Schweiz, obwohl wir beide den gleichen westfälischen Geburtsort und nahezu den gleichen Jahrgang haben. Auf seine Pensionierung hat er sich sorgfältig vorbereitet. Zwischen sein Arbeitsleben und sein Rentnerdasein hat er einen Weg gelegt. „Ich muss mir Zeit nehmen, damit ich in meinem neuen Lebensabschnitt ankommen kann."

So beschloss er ganz allein, den Jakobsweg unter die Füße zu nehmen. Die Schuhe mussten eingelaufen werden, auch die Kondition war verbesserungsfähig. Und natürlich musste mit aller Sorgfalt der Rucksack gepackt werden mit allem, was unbedingt nötig ist und doch keinem Gramm zu viel.

Norbert wollte allein aufbrechen, allein wandern. Also musste man ihn ziehen lassen, was vor allem für seine Familie nicht ganz einfach war. Am Abend vor seinem Aufbruch haben wir gemeinsam den Abschied gefeiert mit Gebet und Segen, mit Umarmung und einem guten Nachtessen.

Ich wollte ihm unbedingt etwas mitgeben auf seinen langen Weg. Aber wie macht man das, wenn das Gepäck minutiös zusammengestellt ist. Da hat nichts mehr Platz, dachte ich.

Und jetzt kamst Du ins Spiel, lieber Petrus. Dein Büchlein *ver–durch–bei–ein–be ge–auf*-STEHEN lag auf meinem Tisch. Diese „Anstöße für jeden Tag des Jahres" müsste Norbert mitnehmen. Das würde ihn aufbauen und ermuntern. Ich habe mich dann erinnert, dass Norbert extra für sein Abenteuer eine kleine Kamera gekauft hatte, ganz leicht für die Hosentasche. Ich habe mich darangemacht, die Seiten aus Deinem Büchlein zu fotografieren, die zu den drei Monaten gehörten, die Norbert abwesend sein wollte. Auf einer Foto-speicherkarte habe ich sie Norbert mit auf den Weg gegeben.

Und so sind Deine Worte bis nach Santiago de Compostela gelangt. Und sie haben dabei ihre Wirkung entfaltet. In Norberts Fotoapparat erschien jeden Tag ein Wort von Dir, kurz, keine Predigt, keine Ermahnung, nur ein Anstoß, eine Einladung für eine überraschende Selbsterkenntnis.

Norbert berichtet: Bei schwierigen Anstiegen hat mir das Ceelen-Wort nach ausführlichem Schimpfen und Schwitzen neuen Boden unter die Füße geschoben, bei zunächst unangenehmen Etappengemeinschaften habe ich zu einem Lachen gefunden. Deine Worte haben ihn zum Pilgern ermutigt, aber diesem Weg auch den bitteren Ernst genommen. Nein, es geht nicht um Leistungssport, Leben ist keine vorzeigbare Leistung.

Norbert hat die Art, wie Du mit Worten spielen kannst, zum Lebensspiel ermutigt, was ihm durchaus nicht in die Wiege gelegt worden ist. „Jetzt kommt der Ernst des Lebens" hat man ihm gesagt, und dann kommst Du, jonglierst mit

Wortbällen, Du wirfst sie Lesern zu, hoffst, dass einer sie auffängt und vielleicht gar zurückwirft, spielerisch.

Norbert hat berichtet, er habe manchmal ein Wort wie einen Kaugummi einen ganzen Tag lang durchgeknetet, nicht angestrengt nachdenkend, sondern eben wandernd, Schritt für Schritt. Dein Wortwitz sucht nicht den Gag, sondern weist auf die reiche Erfahrung hin, die Du mit Dir und anderen gemacht hast und die Du weiterzugeben bereit bist.

Norbert ist gut zurückgekommen von seinem Jakobsweg, angekommen in seinem neuen Lebensabschnitt, bereichert durch die Erfahrung des Weges und die vielen Begegnungen, gestärkt durch die Spiritualität der besuchten Orte und begleitet von Deinen Worten. Er lässt Dich herzlich grüßen.

Lieber Petrus, so macht jedes Wort seinen eigenen Weg wie ein Kind, das aufgewachsen ist und das Elternhaus verlässt. Wir begleiten es mit guten Wünschen und sind gespannt zu hören, wie es ihm ergeht. Deine Worte sind auf den berühmten Pilgerweg gegangen und haben so unter ganz anderen Bedingungen als dem Sessel im Wohnzimmer ihre Wirkung entfaltet. Deine Bücher liegen bei Norbert wie bei mir auf dem Nachttisch.

Danke, Petrus, und herzliche Grüße

Ludwig Hesse

Für meine tägliche Pilgerfahrt
gehe ich zum stillen Örtchen ...
der Weg ist das Ziel.

Ein Geschenk des Himmels

*Manche Menschen wissen nicht,
wie wichtig es ist, dass sie einfach da sind.
Manche Menschen wissen nicht,
wie gut es tut, sie nur zu sehen.
Manche Menschen wissen nicht,
wie tröstlich ihr gütiges Lächeln wirkt.
Manche Menschen wissen nicht,
wie wohltuend ihre Nähe ist.
Manche Menschen wissen nicht,
wie viel ärmer wir ohne sie wären.
Manche Menschen wissen nicht,
dass sie ein Geschenk des Himmels sind.
Sie wüssten es,
würden wir es ihnen sagen.*

*Über eure Lippen komme kein böses Wort,
sondern nur ein gutes, das den, der es braucht, stärkt
und dem, der es hört, Nutzen bringt.*

Epheser 4, 29

Denk Zettel, S. 109

Lieber Petrus, lieber Freund,

mit deinem Sprachkunstwerk ist es dir meisterlich gelungen, die Bibelstelle in deine Worte zu fassen, dem Leser das biblische Menschenbild nahezubringen, ihn zu bewegen, darüber nachzudenken und zu prüfen, ob er sein Verhalten nicht ändern sollte.

Anlässlich der Feier meines 80. Geburtstages habe ich dein wunderschönes Gedicht vorgetragen, um mich bei meinen Freunden und langjährigen Lebensbegleitern für die Bereicherung zu bedanken, die ich durch sie erfahren habe. Auch du lieber Petrus, hast uns mit deiner Person und deinen vielfältigen Seelenbüchlein inspiriert und bist für Marina und mich ein „Geschenk des Himmels".

In deinem Gedicht hast du mir den Anstoß gegeben zum Nachdenken und Weiterdenken. Wie oft geschieht es, dass ein lieber Mensch in seinem Leben nie erfährt, wie hilfreich er auf seine Freunde und andere Menschen wirkt.

Es ist wirklich so, dass uns ein Lob viel zu selten über die Lippen kommt.

So führte mir der Inhalt deines Gedichtes, angesichts der versammelten Geburtstagsgesellschaft, deutlich vor Augen, dass jede menschliche Beziehung, insbesondere die Freundschaft, der wertschätzenden Pflege bedarf.

Gute Freunde sind wie ein soziales Netz, das uns auffängt, wenn das Leben schwer wird, oder wenn wir aus der Bahn geworfen werden. Sie halten dich oben, lassen dich größer werden als du bist, können zuhören, stützen dich in der Not. Sie sind nahe, nahe an deinem Herzen.

Ein schönes Symbol dafür finden wir in der Natur im Netzwerk der Bäume: Die Bäume sind über ihre Wurzeln wunderbar verbunden, kommunizieren miteinander, geben sich gegenseitig Halt, doch jeder Baum steht als Einzelwesen in seiner Einzigartigkeit für sich, hat seinen Freiraum, kann sich verändern, auch erneuern, und sterben, aber das immer in seiner Wurzelberührung mit seinen Nachbarn.

Lieber Petrus, gewiss kennst du die epigrammatische Aussage des bekannten Mystikers Angelus Silesius: „Mensch werde wesentlich!" Wenn wir diese verkürzte Zeile so verstehen dürfen, dass unser Leben und Erleben dazu dienen soll, dass wir daran wachsen und reifen und nicht bei äußerlichen Dingen stehen bleiben sollen, sondern beim „Wesentlichen", dann bist du „wesentlich" geworden, auch für Marina und mich.

Wir sind dankbar und froh, dir begegnet zu sein und werden Christiane, die dir vorausgegangen ist, und dich, den „Grenzgänger", immer in unseren Herzen bewahren.

In Verbundenheit

Marina und Ernst

Quintessenz: Das Wesen unseres Lebens, was es für andere ist gewesen.

Jeden Tag neu

Ein gefühlter Riesen-Berg stand vor knapp drei Jahrzehnten vor mir: bedrohlich, erdrückend und unüberschaubar, ohne ersichtliche und spürbare Perspektive. Was damals bedeutete: ohne langfristige Perspektive. Denn genauso wurde Mitte/Ende der achtziger Jahre HIV damals noch von der Medizin prognostiziert, weil noch zu wenig erforscht. Ich konnte mich also nur auf dieses noch völlig unbekannte Land mit seinen hohen Bergen, tiefen Tälern, Nebel und Sümpfen einlassen, ohne Licht oder Weitblick. Die einzige Chance war, meinen eigenen Weg im Umgang mit dem noch relativ jungen Krankheitsbild zu suchen und hoffentlich zu finden.

Viele Wege bin ich bis heute gegangen und auf einer meiner ersten Stationen bei dir, lieber Petrus, gelandet, der du mir dein waches Ohr geliehen hast. Du warst mit Empathie und offenem Herzen einfach für mich da. Ehrlich, neutral und teilweise mit Häppchen, die mir erstmal nicht geschmeckt, mich jedoch sehr zum Nachdenken angeregt haben – über mich und meine Geschichte. Anregende erste Biografiearbeit, um dem gefühlten Berg vor mir in kleineren Abschnitten begegnen und ihn überhaupt greifen

zu können. Irgendwann hast du mir ein Büchlein mit dem Titel *Jeden Tag neu* mit Gedanken zu jedem Tag im Jahr geschenkt, das parallel die innere Haltung in mir wachsen ließ, jeden neuen Tag in meinem Leben mit neuen Chancen und Möglichkeiten betrachten zu können. Was für eine Entlastung damit in mir wuchs – gerade wenn ein Tag schwer und vieles nicht gelungen war! Dann wusste ich, morgen ist ein neuer Tag, den ich wieder hoffnungsvoll angehen konnte und immer öfter auch wollte. Weil mein Vertrauen in mich größer wurde, wie auch meine innere Stimme, dass ich nur mir selbst folgen kann jeden Tag neu!

Das Büchlein hat mich sehr lange begleitet, in manchen Phasen jeden Abend zum Tagesabschluss, an dem ich nochmal innegehalten habe. Irgendwann durfte es in andere Hände wandern und hat vielleicht auch dort mitgeholfen, unübersichtliche Berge zu überschaubaren Abschnitten werden zu lassen.

Denn ich habe gelernt, dass jeder Mensch die Wahl hat, Ja zu sagen, zu seinen weiteren Lebensabschnitten und Chancen.

Danke und Grüße von Herzen

Tanja

Chancen sind wie Sonnenaufgänge.
Wer zu lange wartet, verpasst sie.
Joan Lunden

Anders ... Andere ...

Bei meinen Senioren leite ich sehr oft mit einem Petrus-Text den Nachmittag ein. Es ist stets ein guter Einstieg für angeregte Gespräche.

Anders

*Andersaussehende
sehen innen
auch nicht anders aus
als ich.*

*Andersdenkende
denken auch,
dass sie richtig denken,
genauso wie ich.*

*Andersgläubige
glauben auch
an den Ganz-Anderen,
aber anders als ich.*

Ja, aber Nein doch, S. 66

Ich kann die Gedanken nicht vorlesen – ohne innezuhalten, um darüber nachzudenken. Ja, was heißt hier anders?

*Die vom anderen Ufer
lieben auch nicht anders
als die vom anderen Ufer.*

Ja, aber Nein doch, S. 65

Die Impulse kommen „meereswellengleich" und man wird einfach „überspült", trotz einer ganz trocknen Fußnote:

*Für seine Anhänger war Jesus so groß,
dass er nicht ins Grab passte
und wieder aufgestanden ist.*
Ja, aber Nein doch, S. 51

Hammermäßig, wie sonst nicht ausgesprochene Wahrheiten mir deutlich bewusst gemacht werden in einer Leichtigkeit mit oft humorvoller Auflösung, wo man laut brüllend loslachen kann …

Prost Prostata

*Hose runter, Beine hoch
und schon treibt´s
den Getriebenen gekonnt
in die Höhle hinein.*

*Seine Berufung fängt
praktisch mit der Liebe
zu den Arschlöchern an.*

*Der Proktologe
beschäftigt sich mit dem Analkanal,
ein Kanalarbeiter.*
Ja, aber nein doch, S. 96

Ich habe Spaß an den Wortspielen. Spielerisch leicht wird mir der eigentliche Sinn eines Wortes beigebracht. Manchmal bringt ein Satz einen tief vergrabenen Schmerz in mir wieder ans Licht.

Denk-Zettel

Es trifft die anderen.
Die anderen denken das auch.
Das ist unser aller Denkfehler.

Blaulicht, Martinshorn.
Hoffentlich nicht …
Die anderen denken das auch.

Plötzlich sind wir die anderen
und bekommen einen Denkzettel.
Ein Unglück. Ein Unfall.

Erst dann fangen wir an,
nachzudenken über das,
woran wir nie gedacht haben.

Ja, aber nein doch, S. 82

Ich bin der andere. Nein, aber ja doch!

Konrad

*Der andere bin ich. Beim Besuch im Alten- und Pflegeheim
sehe ich mich im Spiegel.
Auch der Gefangene ist mein Spiegelbild.
Und auch im Bettler sehe ich mich.
Nicht um Geld bettle ich.
Nur um noch ein wenig länger leben zu dürfen.*

Aus dem Brief eines Gefangenen

Sehr geehrter Herr Ceelen,
 ich verbüße eine lebenslange Freiheitsstrafe in der JVA. Dreimal hatte ich das Vergnügen, Sie hier bei einem Lese- und Gesprächsabend zu treffen. Sie sprachen davon, wie wichtig es Ihnen ist, sich alles von der Seele zu schreiben.
 Ich hatte es mir zur Aufgabe gemacht, jeden Tag einen Brief an meine Eltern zu schreiben. Das war nicht immer leicht. Da fiel mir Ihr *Espresso*-Buch mit 365 Gedanken und auch Gedichten in die Hände. Von da an ging das Briefschreiben wie geschnitten Brot. Für jeden Tag des Jahres hing ich handgeschrieben den zu dem Tag geschriebenen Text an. Und nicht nur ich war davon begeistert. Meine Mutter konnte ihr Glück kaum fassen. Vater – erzählte sie – er war schon sehr krank, hört gerne zu, wenn ich ihm vorlese, was du schreibst.
 Mittlerweile gehören mir vier Ihrer Bücher. Früher war ich schüchtern, viel von meinem Selbstvertrauen, dass ich heute mein Eigen nenne, rührt vom Lesen in Ihren Büchern. Ich bewundere Ihren Mut, zu dem zu stehen, was Sie tun.
 Mit *Denk Zettel* saß ich im Hof, als ein Gefangener sich zu mir setzte. Eine ganze Weile geschah nichts. Dann frage er mich: „Glaubst du an Gott?". Er hatte wohl auf dem Umschlag das Wort Bibel gesehen. So kamen wir in ein langes Gespräch. Wir unterhalten uns nun öfters, nicht nur über Gott, und dies ist nicht das einzige Mal, dass ich – mit einem Ihrer Bücher in der Hand – Kontakte knüpfen konnte.
 Meine beiden Brüder und mein Vater sind während der Haftzeit gestorben. Diese verfluchte Hilflosigkeit hier

drinnen… und wenn ich dann merkte, es lief eine Träne, dachte ich, was bin ich doch für eine Memme.

> Wenn keine Tränen fließen, setzt der Schmerz sich in uns fest, lautete ein Satz aus dem DenkZettel. Ach wie gerne lese ich darin – und was soll's, sieht mich doch niemand wenn ich heulend auf meiner Zelle hocke, und wenn doch, ich habs mir doch verdient. Und es tut so gut. Gut das mit dem Menschen in den Arm nehmen beschränkt sich bei mir hier drinnen drauf, wenn ein Gefangener in die DVA geht, oder aber ganz entlassen wird. Vor Corona

Lieber Petrus, Ihre Bücher waren mir nicht nur ein Zeitvertreib. Sie gaben mir Mut, Trost und auch Gelassenheit, mein Leben so zu gestalten, wie es heute ist.

   Gottes Segen begleite Sie.

Herzlichst
Georg S., Insasse in einer JVA

Weinen können

Wenn keine Tränen fließen,
setzt der Schmerz sich in uns fest.
Die nicht geweinten Tränen vergiften unseren Körper,
versteinern unsere Seele.
Durch das Weinen kommt Trost in unser Innerstes.
Der Trost der Tränen.

Denk Zettel, S. 117

Weitergeschrieben

*Für Georg,
einen Lebenslänglichen
im 27. Haftjahr*

Sind wir nicht alle irgendwie – jeder irgendwie verhaftet? Wer kann in Wahrheit sagen: meine Seele ist frei – frei für Gott?

Das schreibt eine hochbetagte Frau zu der Widmung des Buches *Jeden Tag neu* (1986). Ich hatte es ihr geschickt als Dankeschön für ihre langjährige Unterstützung der Gefangenenseelsorge auf dem Hohenasperg. Ein paar Monate später bekomme ich das Buch von ihr zurück. Und siehe da: Sie hat viele Texte weitergeschrieben, oft bis zum Seitenrand. Aber manchmal ist ihr Kommentar kurz und knackig.

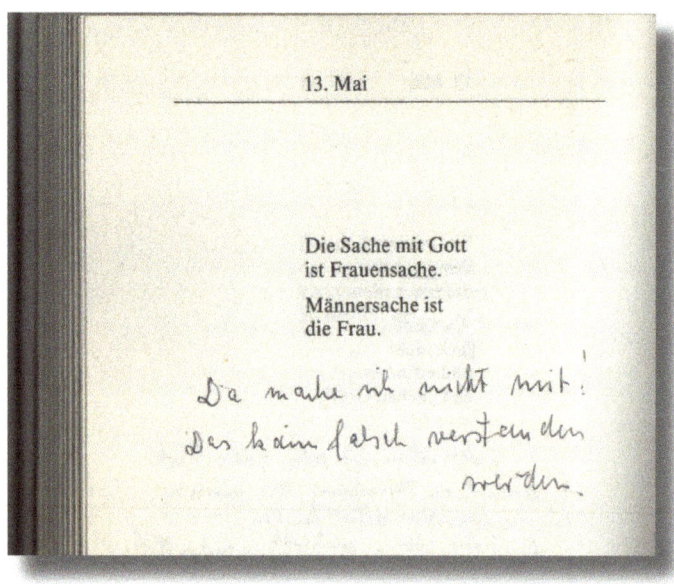

*Jeder Tag
ist im Grunde gleich,
hat den gleichen Grund.*

Man wird jeden Tag nur 1 Tag älter. Aber es gibt Tage, die sind wie ein Meilenstein, wie ein Donnerschlag, wie ein Aufwachen, wie ein neuer Anfang – ja – wie es manchmal unsagbar ist.

Weise Worte hat die Frau mir ins Buch geschrieben: Vorurteile sterben schwer – und dann weiß man nicht, ob sie wirklich tot sind. Ich weiß nur, dass Frau Förster aus Enzklösterle längst gestorben ist, aber wirklich tot ist sie nicht. Ich blättere immer noch in „ihrem" Buch …

Petrus

Verwundet – Vernarbt – Verwandelt

Dies ist der Titel eines Buches, in dem neben den Gedichten von Petrus einige meiner Skulpturen aus Stacheldraht zu sehen sind.

Die Suche nach dem *und*, das meiner Meinung nach mehr beinhaltet als *sowohl als auch,* war das Anliegen meiner Recherche und ich habe sie bei dir in verbaler Form wiedergefunden.

Auch das Verzeihen, Vergeben, Versöhnen als wesentlicher Bestandteil des Transformationsprozesses.

Ich möchte die Gelegenheit nutzen, um neben dir, Petrus, eine langjährige Freundin zu ehren, die mich sehr geprägt hat.

Zofia war eine wunderbare alte Dame in Polen. Sie hatte viele Begabungen. Unter anderem hatte sie es geschafft, nach zwei Jahren im KZ Auschwitz Birkenau, ihr Herz zu öffnen für junge Deutsche, die wissen wollten. Wir waren viele Jahre miteinander befreundet und haben immer montags miteinander telefoniert. Ihr Schlusswort hieß stets: sei milde.

Alles Starre loszulassen und sein Erbe anzutreten ist nicht einfach. Bei den Sufis findet sich dieses Geschehen in einem der Gottesnamen:

Al-Warith.

Er wird traditionell mit: „der/die Erbende" übersetzt. Jesus benutzt ein verwandtes aramäisches Wort: nertun. Er sagt: Reif sind jene, die weich machen, was übermäßig hart in ihrem Inneren ist, durch ihr Weichwerden werden sie ihr natürliches Erbe an Kraft und Heilung aus dem Kosmos empfangen.

Als Zofia im Sterben lag, nahm ich den Nachtzug nach Oswiencim. Zofia ist nie mehr von diesem Ort weggekommen. Über Jahre war sie dort für die Finanzen der Stadt zuständig. Zofia war nicht erfreut über mein Kommen. Sie war tief religiös (katholisch) und brauchte die ihr verbleibende Zeit, wie sie sagte, um sich auf ihr zweites Leben vorzubereiten. Mit ihrem Sinn für Humor meinte sie am Ende unseres letzten Gesprächs, sie würde eine weiße Feder herunterwerfen, falls es auf der anderen Seite etwas gäbe.

Ich fuhr zurück nach Paris, wo wir zu dieser Zeit wohnten. Drei Tage nach Zofias Tod standen mein Mann und ich in dieser Stadt, zusammen mit Freunden aus Deutschland, am Denkmal der deportierten und ermordeten Menschen des Naziregimes. Und aus dem makellos blauen Vorfrühlingshimmel schwebte eine weiße Feder herab und landete direkt vor meinen Füßen.

Petrus hab Dank für Dein Sosein, Dein Buch, Deine Bücher.

Herzlich
Brigitte

… Sei milde. Aber Ja doch! Ich ging schon immer gnädig mit meinen Schwächen um. Und im Alter werde ich immer noch milderer.

Der Stein auf meinem Herzen

Und der junge Baum nahm in all seiner Not seine Last an und verschwendete keine Kraft mehr an dem Bemühen den Stein abzuschütteln.

Wachsen wie die Steinpalme, S. 9

Immer und immer wieder lese ich dieses Buch mit all seinen Geschichten wie ein Mantra! Es liegt in meinem Nachttisch in der Schublade. Ich nehme die Steinpalme jedes Mal in die Hand, wenn ich wieder mal mit meinen „schlechten Gedanken" ins Bett gehe und versuche zu schlafen. Ich denke immer zurück an die Tage, als ich noch ein kleines Mädchen war und ich mir die Liebe meiner Mutter und meiner älteren Geschwister „erarbeiten" oder „erkaufen" musste. Damals verstand ich nicht warum das so ist, ich wusste nur, es fühlt sich schwer an – der Stein auf meinem Herzen. Ich kämpfte immer dagegen an und versuchte mühevoll, mir ein bisschen Liebe und Aufmerksamkeit von ihnen zu erhaschen. Jahre später erfuhr ich das, was alle anderen wussten, ich war keine „von ihnen, ich gehörte nicht „richtig dazu", mein Papa war ein anderer als der meiner Geschwister. Für mich spielte es keine Rolle, ich liebte meine Mutter über alles. Sie und meine Geschwister waren das Wichtigste für mich. Deshalb habe ich mir immer wieder die Aufmerksamkeit und Liebe von ihnen erkämpft und erkauft. Als ich mir dann mit knapp 50 Jahren erlaubte nur auf mein Herz zu hören und nicht das tat, was alle anderen, insbesondere meine Mutter, von mir erwarteten, stellte sich heraus, dass ich wohl nicht so „wichtig" für meine Mutter war. Ich habe mich damals von meinem Mann getrennt. Sie stellte sich auf seine Seite, hat jahrelang nichts mit mir gesprochen und sich „rührend" um meinen Ex-Mann gekümmert, ihm die Wäsche gewaschen, geputzt, gekocht ... Bis heute habe ich nur spärlichen Kontakt zu ihr und nur noch zu einem meiner fünf Geschwister. Mein Ex-Mann aber ist bis heute ein fester Bestandteil im Leben meiner Mutter...

Bei mir scheint es irgendwie anders herum zu sein als bei der Steinpalme. Sie hat im Laufe der Jahre einen Weg gefunden, um mit der Last umzugehen. Bei mir fühlt es sich jetzt, wo ich älter werde, immer schwerer an. Aber ich habe einen wundervollen Partner, der mir immer wieder aufzeigt, dass es Menschen im Leben gibt, die mich nur um meiner selbst willen lieben und mich wertschätzen so wie ich bin. Also werde ich weiter versuchen meine Last anzunehmen und mir die Geschichten aus *Wachsen wie die Steinpalme* immer wieder vor Augen führen, dass es bei weitem noch schwerere Lasten als die meinen gibt. Und wie Du, lieber Petrus, es in deiner „Steinpalme" beschreibst: Wunden, Verletzungen, Blessuren, Narben gehören zu einer „normalen" Familie.

Claudi

Krankheiten verursachen viel Leid.
Aber viel mehr noch
leiden wir unter dem,
was andere uns antun.
Und wenn es dann noch die eigene Familie ist ...

Endlich leben

Lieber Herr Ceelen, lieber Petrus,

wir kennen uns nicht und doch lerne ich Sie täglich mehr kennen, da ich intensiv mit Ihnen im Gebet verbunden bin.

Eine Freundin von mir, Angelika Mogel, hat mir Ihren *Denkzettel* mit Ihrer Widmung zum Geburtstag am 20. September geschenkt. Seitdem liegt dieser Denkzettel auf meinem Schreibtisch und ich blättere immer wieder darin und bin sehr dankbar für klare kurze Worte, die Gott näherbringen und vieles auf den Punkt bringen. Ihr Leben war „randvoll mit Gott" und ich hoffe, das ist es immer noch trotz aller Krankheit.

Als Vinzentinerin darf ich seit 10 Jahren im Hospiz arbeiten und bei all meiner Unvollkommenheit versuche ich die Haltung zu leben: Gott heißt Dich herzlich willkommen und Er freut sich auf Dich, ganz egal wie Dein Leben gelungen ist oder welcher Religion Du angehört hast. Ganz einfach nur deshalb, weil Gott die Liebe ist und Er uns in Seiner Liebe aufnehmen möchte. Dieser Wunsch ist auch mein Gebet für Sie und seien Sie sich sicher, der Denkzettel liegt weiterhin auf meinem Schreibtisch! Manche Texte sprechen mir einfach aus der Seele. Mir gefällt das Wortspiel „Endlich leben". Gerade im Hospiz gilt es jeden Tag, jeden Augenblick bewusst zu er-leben.

Nicht das Gestern und das Morgen zählen, sondern der gelebte Augenblick, die Tasse Cappuccino auf dem Balkon, eine Stunde dem Mairegen zuschauen, sich an einem Regenbogen freuen, die letzte Zigarette. Diese stillen Augenblicke erlebe ich oft in meiner Arbeit und nicht nur der Gast, sondern auch ich sage still DANKE. Im Augenblick leben färbt ab und macht dankbar auch für die, die mitten im Leben stehen!

Im Gebet weiterhin verbunden grüßt Sie herzlich

Schwester Rosalie

Liebe Schwestern und Brüder.
Den größten Respekt habe ich für die Frauen,
die den Kranken Schwester sind.

Was wir so sagen

Frau M. liegt im Sterben. Sie ist ‚nicht ansprechbar'. „Schade, dass man nicht mit ihr sprechen kann." „Warum kannst du denn nicht mit ihr sprechen?" „Weil sie nicht antworten kann."

„Was hindert dich daran, trotzdem mit ihr zu sprechen, auch wenn sie nicht antworten kann?" „Ich weiß nicht, was ich sagen soll."

„Was kommt dir in den Sinn, wenn du bei Frau M. sitzt?" „Ich frage mich, was für ein Mensch sie war, wie sie gelebt hat, was sie erlebt hat, was sie geprägt hat. Welche Menschen sie kannte. Wer in ihrem Leben Eindruck hinterließ, sie inspirierte? Ob sie zufrieden sterben kann, oder gerne noch weitergelebt hätte? Welche Interessen sie pflegte?"

Mein Blick wandert im Zimmer umher. Was würde sie mir sagen, könnte Frau M. erzählen? Wäre es ihr recht, dass ich hier bei ihr sitze und sie begleite, in ihren letzten Tagen, Stunden? Ich spüre, dass sich mein Atmen unbewusst ihrer Atmung anpasst, wir atmen im gleichen Rhythmus, ich werde ruhiger. Zuversichtlicher. Ein

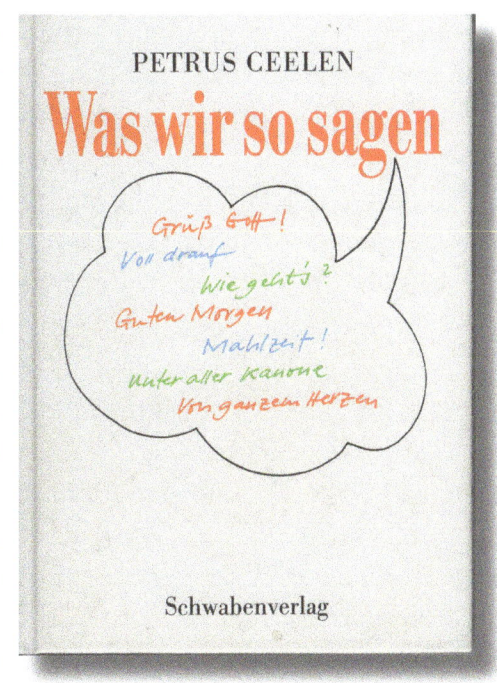

Gefühl von „es ist gut" macht sich in mir breit. Gut, dass ich dasitze, gut, mir meine Angst einzugestehen, vor dem Fremden, dem Unbekannten, gut, im Gleichklang zu atmen, gut, einfach zu sein.

Gedanken über Gedanken kommen und gehen, wie ein Wasserfall, der Stufe um Stufe ins Tal stürzt. Was ist das Wesentliche? Das Essentielle? Im Hier und Jetzt bei mir zu sein. Offen für mich und mein Gegenüber.

Frau M. kann sich verbal nicht mehr äußern. Sie ist wahrscheinlich nicht mehr bei Bewusstsein und wird bald sterben. Ich kann mit ihr sprechen, ich kann mit ihr schweigen. Wir sind in Kontakt. Das Wesentliche ist, dass ich echt bin, echt bei ihr und bei mir. Vielleicht eröffnet sich dann eine Ebene der Begegnung jenseits aller Worte, ein „Erkennen", von Mensch zu Mensch auf dem Weg, auf dem ich ein kleines Stück weit Begleiterin sein kann, bevor Frau M. den Weg geht, den sie nur alleine gehen kann. Erfüllt und beschenkt verabschiede ich Frau M. auf ihre Reise.

Jeder Mensch ist ansprechbar, auch wenn er/sie „nicht ansprechbar" ist, sich verbal nicht äußern kann. Unreflektiert können solche Floskeln nicht nur Kontakt verhindern, sondern sogar schaden („Sie sind austherapiert").

Was wir so sagen ist der Titel eines von Petrus' Büchern. Petrus bringt „es" auf den Punkt, kondensiert Wahrheiten in dichte Sprache. Wie oft spricht er mir aus dem Herzen, häufig mit einer Prise Humor und manchmal hat er es faustdick hinter den Ohren.

In einer Zeit, in der Menschen mit einer HIV-Infektion nichts so sicher war wie der verfrühte Tod und in der ehrenamtliche Sterbebegleitung und ambulante Hospizarbeit noch Pionierarbeit waren, lernten wir uns kennen. Wir blieben einander Wegbegleiter bis heute. Danke Petrus!

Edith

*Wenn wir nichts zu sagen haben,
ist alles was wir sagen,
nichtssagend.*

*Die streichelnde Hand
sagt ohne Worte:
Du, ich bin bei dir.*

Hinter Gittern

Lieber Petrus,

dieses gleichnamige Buch ist unter deinen vielen Büchern zum Klassiker geworden. In meinen 12 Jahren als Gefängnisseelsorger in der JVA Heimsheim wurde dieses Büchlein für mich wie kein anderes deiner vielen Bücher zu einem treuen Begleiter. Regelmäßig habe ich es in die Hand genommen. Gerne habe ich es weitergegeben. Für viele Gefangene wurde es zu einem Trostbuch. In den Texten gibst du den Menschen hinter Gittern eine Stimme. Du gibst ihnen in ihrer Sprachlosigkeit Worte, die helfen, ihre Gefühle und Empfindungen zu benennen. Ein wichtiger Schritt, sich anzunehmen und das Chaos der Gefühle zu sortieren. Die, die sich als Abschaum der Gesellschaft empfinden, erfahren durch deine empathischen Worte Wertschätzung und bekommen Ansehen. Auch für mich wurde dein Büchlein zum Halt in oft ausweglosen Situationen. Deine Worte haben mir geholfen, die Ohnmacht hinter den Mauern auszuhalten. Das Gefühl nur Zuschauer zu sein. Vor allem: nichts an der Situation ändern zu können. Die einzige Möglichkeit für uns Seelsorger hinter Gittern ist häufig nur: zusammen mit den Männern ihre Not und oft auch seelische Armut mit auszuhalten. Mehr als Ausharren an der Seite der Gefangenen geht oft nicht.

Führungen durch die Anstalt wurden für mich im Lauf der Jahre zu einem festen Arbeitsfeld. Zu den Besuchergruppen zählten vor allem Abiturienten und Studierende. Allesamt Personengruppen, die teilweise später im Beruf zu Entscheidungsträgern in der Gesellschaft werden. Da schadet es nicht, wenn sie in der Begegnung mit einer Randgruppe unsrer Gesellschaft ihren Horizont erweitern. Den Abschluss und Höhepunkt dieser Führungen bildeten Gesprächsrunden mit ausgewählten Gefangenen. Häufig kam es zu einem lebendigen Dialog zwischen denen von draußen und denen von drinnen. Gefangene mit Suchtproblematik kamen ins Schwitzen, wenn sie nach den Zielen in ihrem Leben gefragt wurden. Und die von draußen spürten im Lauf des Gesprächs eine immer größer werdende Dankbarkeit, weil sie im Zuhören der abgrundtiefen Lebensgeschichten plötzlich spürten, dass sie auf der Sonnenseite des Lebens stehen. Es ist nicht selbstverständlich, Liebe und Zuwendung zu erfahren. In der Regel beendete ich die Führungen mit einem Text von dir aus *Hinter Gittern*: „Von den Gefangenen habe ich gelernt, dass ich im Leben viel Glück gehabt habe. Von den Straffälligen habe ich gelernt, wie leicht auch ich hätte fallen können." (S. 103) Deine Worte helfen eine Brücke zu schlagen zwischen ganz verschiedenen Lebenswelten.

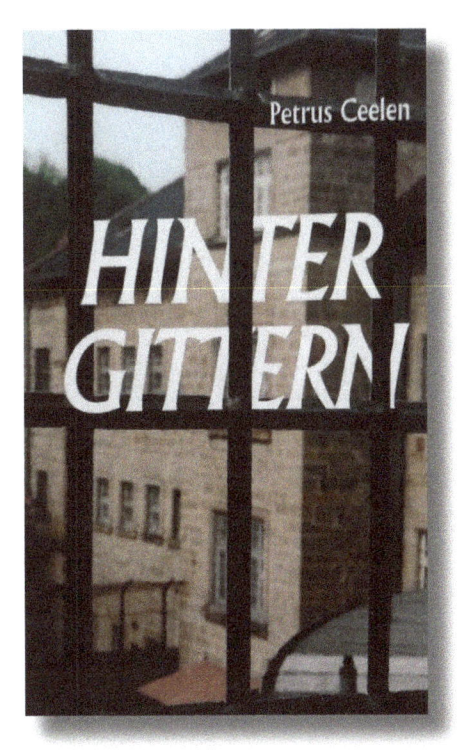

Für mein Selbstverständnis als Seelsorger hinter Gittern bekam ein Satz von dir aus dem oben zitierten Text eine zentrale Bedeutung für mich: „Im Gefängnis habe ich dich mehr erfahren als in der Kirche. Durch die sogenannten Gottlosen bin ich dir nähergekommen als durch mein Theologiestudium." (S.102) Es ist ein heruntergekommener Gott, dessen Spuren bei Begegnungen im Gefängnis zu entdecken sind. Die Armut des Wanderpredigers Jesus von Nazareth, der wahrscheinlich nicht mal Schuhe anhatte, wird in der Wüste des Gefängnisses besonders spürbar. Der Menschensohn wird zum Bruder der Menschen. Jesus war kein Buddha, der weise dasitzt und vor sich hinlächelt. Jesus war auch kein alter Opa, der gemütlich im Schaukelstuhl sitzt und Pfeife raucht. Nein, der Sohn Gottes hat sich erniedrigt und wie ein Verbrecher unter Verbrechern ans Kreuz schlagen lassen. Wahrhaft ein heruntergekommener Gott. Ein menschlicher Gott.

Danke Petrus für deine Inspiration.

Danke, dass ich dich kennenlernen durfte: ein Mann des Wortes und gleichzeitig ein Mann der Tat. Eine seltene Kombination.

Joachim Scheu, Weil der Stadt

Unser Leben spricht durch das, was wir tun.
Auch Gott ist ein Tätigkeitswort.
Liebe leben. In der Tat.

Worte wirken nach

*Da sticht sich einer
mit der Nadel ins Auge,
weil er das Ganze
nicht mehr sehen kann.*

Eingeschlossen, Ausgeschlossen, S. 12

Inzwischen sind es fast 40 Jahre her, dass ich das gelesen habe, aber ich muss immer wieder daran denken. Es hat mich nicht nur als junger Mensch schwer beschäftigt. Wie verzweifelt muss dieser Jugendliche wohl gewesen sein, um sich selbst das anzutun?! Es ist schon mehr als schlimm genug, dass ein Mensch sich selbst verletzt, die Zigarette auf seine Haut ausdrückt oder „schnippelt". Aber wie verzweifelt muss einer sein, sich ins eigene Auge zu stechen … Manchmal frage ich mich, wie es dem jungen Mann heute wohl geht. Sicher kam er ja irgendwann wieder raus. Und dann hatte er kein Augenlicht mehr …

*Die kleine Miri, war eine große Person, eine
Persönlichkeit. Zwei Stunden vor ihrem Tod schickte
die dreizehnjährige die Nachtschwester Britta aus dem
Zimmer. „Was jetzt kommt muss ich alleine durchstehen."*

Worüber man nicht spricht, S. 11

Die Stärke und Klugheit dieses aidskranken, blinden Mädchens haben mich so bewegt, beeindruckt, dass ich anderen schon oft davon erzählt habe. Immer wenn ich den wunderschönen Namen Miriam hörte, dachte ich an dieses Mädchen. Dabei kenne ich Miri gar nicht, habe sie nie gesehen. Welch innere Stärke hatte diese 13-jährige Miriam, wie sie mit offenen Augen dem Ende entgegenblickte und wohl auch bereit war für das, was kam.

※

Könnten wir auch nur ein klein wenig mitfühlen,
was ein Hähnchen im Hühnerknast durchleidet,
würde uns sein zartes Fleisch erwürgen.

Könnten wir auch nur ein bisschen mitempfinden,
was ein Tier auf dem Viehtransport durchmacht,
würde uns das feine Filet bestialisch schmecken.

Könnten wir auch nur ein einziges Mal miterleben,
wie qualvoll viele Tiere im Schlachthaus sterben,
steckte uns das Steak heute noch im Hals.

Zunehmen erwünscht, Der Fastenkalender, 13. Tag

Dieses Gedicht über Tierquälerei ist natürlich Wasser auf meiner Mühle! Seit 35 Jahren esse ich kein Fleisch und bin mit jedem Jahr überzeugter. Mittlerweile sehe ich dies tatsächlich als Sünde, einem Tier das von Gott gegebene Leben wieder zu nehmen. Wenn man bedenkt, wie viel Fleisch auch weggeworfen wird. Die Tiere sind für unseren Genuss gestorben und wir werfen sie dann einfach weg. Wir leben wahrlich in einem Land, in dem wir definitiv keine Tiere brauchen, um satt zu werden. Gleichzeitig freue ich mich aber auch, dass so viele junge Menschen sich entschieden haben, die Tiere leben zu lassen.

Neulich hörte ich von einem neuen Wort: Kognitive Dissonanz, soll heißen, dass viele Menschen ihre Haustiere überversorgen, aber das Leid der Nutztiere ignorieren. Allein schon das Wort Nutztiere ist eine Schande, weil der Verwendungszweck direkt mitklingt: Brathähnchen, Legehennen, Milchkühe, Rennpferde, Mastschweine ... Lassen wir die Tiere einfach Tiere sein – um Gottes Willen!

Carmen

Leichenschmaus nach einer Beerdigung ist ein geschmackloses Wort. Aber auch bei einer Geburtstagsfete und Hochzeitsfeier schmausen die Gäste genüsslich große Portionen „Leichen".

Zum katholisch werden

Lieber Petrus,

wie lange kennen wir uns eigentlich? Etwa 20 Jahre werden es sein, aber das „älteste" Deiner Bücher in unserer Wohnung ist viel älter, *Eingeschlossen – ausgeschlossen*, aus dem Jahr 1983. Irgendwie war und ist da zwischen uns eine gleiche Wellenlänge. Wenn ich Deine Texte lese, fühle ich mich auf vertraute Weise angesprochen. Ich bin aufgewachsen mit zwei Geschwistern, die ersten Lebensjahre in einer 3-Zimmer-Mietwohnung, bis wir dann im Haus noch weitere Zimmer dazu mieten konnten. Mein Vater hatte – solange ich zurückdenken kann – ein Herz für Leute, die am Rand der Gesellschaft waren. Oft brachte er jemanden mit nach Hause. An manche Leute kann ich mich erinnern. Zum Beispiel an Karl, einen Alkoholkranken, der oft bei uns war, nüchtern oder auch nicht mehr nüchtern. Und da war Rosi, die psychisch Kranke, die wochenlang bei uns gewohnt und auf der Couch im Wohnzimmer geschlafen hat. Mein Vater hat als Werkstattleiter zuerst in der Jugendhilfe der „eva" gearbeitet, später in der Erwachsenenhilfe. Immer wieder hat er jemanden mit nach Hause gebracht. Christian zum Beispiel, ein Berliner aus der geteilten Stadt, war viele Jahre lang Gast bei uns, auch an Heiligabend und an Weihnachten, ein gescheiterter Typ, aber gut gelaunt und mit Berliner Schnauze. Wenn er da war, hat er den Christbaum geschmückt und sicherlich auch ein Weihnachtsgeschenk bekommen. Immer wieder kam Jürgen. Wenn er eine Zeitlang nicht kam, wussten wir, dass er wieder im Knast war. Eine Episode gab es mit einem gehörlosen jungen Paar, das sich mit Gebärdensprache verständigte. Wir Kinder verstanden nichts, aber sie saßen an unserem Tisch und haben mit uns gegessen.

Als ich schon Pfarrer in Markgröningen war, hast du beim Verabschieden einmal zu mir gesagt: „Bleib katholisch!" Ich habe verstanden, was Du meinst. ‚Katholisch' im ursprünglichen Sinn – weit, offen, grenzenlos. Die katholische Kirche zu beurteilen, steht mir nicht zu, aber Dein „Bleib katholisch!" habe ich nie vergessen. Mein Gruß an Dich war dann etwas unbeholfen: „Bleib evangelisch!", auch das im ursprünglichen Sinn, nämlich dem Evangelium verpflichtet, der frohen Botschaft für alle Menschen, dass sie angenommen sind, nicht ausgegrenzt. Evangelisch – katholisch, das Thema hat Dich nicht losgelassen. Siehe Deinen *Denk Zettel*:

Sie gehen sonntags in getrennte Kirchen,
einen Steinwurf voneinander entfernt.
Sie beten das gleiche Vaterunser,
hören die gleiche Frohe Botschaft
von dem einen guten Hirten.

Sie singen die gleichen Loblieder,
bekennen den gleichen Glauben
aber das Tischtuch ist
immer noch zerrissen.
Kein gemeinsames Abendmahl.

Sie teilen die Nächstenliebe auf
in Caritas und Diakonie.
Sie reden mit zwei Stimmen
und überhören seine Stimme:
Ihr sollt alle eins sein.

Erbarm dich, Herr.

Was Du sagst und schreibst, ist mir immer wieder ein Ansporn, in der Spur zu bleiben, nicht auf die theologischen oder ideologischen Floskeln auszuweichen.

Ja, und dann wäre da noch das Faible für Belgien, für belgisches Bier, Petrus-Bier zum Beispiel, das man sogar online bestellen kann, oder belgische Pralinen. In Brügge konnten Karin und ich vor vielen Jahren die Ausstellung *Les Pleurants* besuchen. *Die Trauernden.* Jede der 82 Figuren trauert auf eine andere, eigene Weise. Man identifiziert sich mit ihnen, weil es so viel zu betrauern gibt in dieser Welt, und man geht nachdenklich nach Hause, auch mit dem Gedanken und der Hoffnung, dass alle Trauer eines Tages ein Ende hat. – „Die mit Tränen säen, werden mit Freuden ernten." (Psalm 126) oder „Selig sind die Trauernden, denn sie werden getröstet werden." (Matthäus 5).

Traugott Plieninger

Trauernde trösten. Davon kann ich ein Lied singen. Manche nennen mich sogar den „Witwentröster". Nach dem Tod meiner Frau trösten mich nun die Witwen. Bei Kaffee und Kuchen oder bei einem-zwei-drei Glas Wein reden wir zusammen über das, worüber man nicht spricht – als wären wir nicht ganz bei Trost.

Schweigen

Eva und ich hatten zuletzt Kontakt vor über zwanzig Jahren. Nun bat sie mich um einen Besuch bei ihr zu Hause fernab unserer gemeinsamen Heimat, wo seit mehreren Jahren ihre hochbetagte, pflegebedürftige Mutter lebe und sich derzeit bewusst auf ihren Tod vorbereite. Die mir seit Kindesbeinen an bekannte alte Dame hatte aufgrund nachlassender Kräfte im hohen Alter ihre geliebte Heimat verlassen, um in eine für sie fremde Großstadt zu ziehen. Jetzt ginge es mit ihrer Mutter zu Ende – sie spüre das genauso wie ihre Mutter selber, berichtete Eva am Telefon. Auf den Tod ihrer Mutter sei die gesamte Familie inzwischen gut vorbereitet. Seit wenigen Tagen aber sei ihre größte Sorge, dass vor dem Tod der Mutter noch etwas Schlimmes passiere. Sie hoffe sehr, dass nicht noch ein jüngeres Familienmitglied vor der Mutter stürbe. Sie habe da so ein komisches Gefühl ...

Wenige Tage später fuhr ich also zu der mir seit mehr als fünfzig Jahren gut bekannten Tante Mia. Direkt an der Haustür informierte mich die sichtlich erschütterte Eva über ein schreckliches Ereignis. Soeben habe sie telefonisch von einer akuten Erkrankung ihrer Schwester Ingrid erfahren, ohne schon um Einzelheiten zu wissen: Hirnaneurysma. Sofort erinnerten wir beiden ihre letztens geäußerte Sorge, es könnte etwas Schlimmes passieren ... ihre alte Mutter habe sie bisher noch nicht informiert.

Nach einem Telefonat mit der Klinik haben wir beiden es der Mutter gut eine Stunde später dann gemeinsam gesagt. Sofort sackte sie mehr und mehr in sich zusammen: „Jetzt auch noch das! Warum? Warum? Ich kann nicht mehr.

Ich will nicht mehr leben und schon gar nicht noch mehr Menschen überleben." Im Laufe ihres langen Lebens hatte die alte Dame nämlich schon einige Schicksalsschläge bewältigen müssen: fast 20 Jahre lang hatte sie ihren erblindeten Ehemann zu Hause bis zum Tod begleitet und gepflegt; zwei enge Familienangehörige hatten sich das Leben genommen; Krebserkrankungen, Alkoholismus …

Wenige Tage später starb Ingrid.

Als Eva die Töchter ihrer schwerkranken Schwester über das Unglück informierte, erfuhr sie von einer ihrer Nichten, dass sie erneut schwanger sei und diese erfreuliche Neuigkeit ihrer Mutter wenig später am darauffolgenden Wochenende hätte mitteilen wollen …

Abends kam mir zu Hause in meiner Wohnung ein Buch von Petrus Ceelen in den Sinn: *Die Kunst des Schweigens – Trost in Trauer und Leid*. Da schreibt er u.a.: „Menschen, die auf Trost verzichten, beweisen Respekt vor dem Schmerz des anderen. Sie spüren, es verbietet sich, in dieser Situation Worte zu machen."

Beim Schreiben dieses Artikels erinnerte ich mich, dass die jetzt verstorbene Ingrid Petrus Ceelen als Referent vor wenigen Jahren bei einer Veranstaltung persönlich erleben und kennenlernen durfte.

Verwundet – vernarbt – verwandelt: Erfahrungen im Umgang mit Trauer und Leid. In den Vorträgen und Gruppen ging es an jenem Fortbildungstag für TrauerbegleiterInnen nicht nur um das Leid der anderen. Auch eigene Verletzungen wurden offen angesprochen, persönliche Wunden berührt. Am Ende der Tagung stieg von einer Stele im Tagungsraum Weihrauch zum Himmel auf. Weihrauch – nichts anderes als verhärtete Verwundungen aus verletzten Bäumen, die sich in kostbaren Duft verwandeln, sobald sie in glühende Kohle gelegt werden. Und so waren die Anwesenden eingeladen, nach vorne zu kommen und eigene verhärtete Verwundungen dem Himmel hinzuhalten und in die Glut der göttlichen Liebe zu legen: *„Wie Weihrauch steige mein Gebet zu dir auf"* (Ps 141,2). Still vor dem Kreuz stehend baten die Anwesenden um Wandlung großer und kleiner Wunden. Und auch um Wandlung von all dem, was der/die Einzelne als Opfer erlitten und als Täter anderen zugefügt hat. Wahrlich berührend und bewegend nach einem intensiven und wortreichen Tag, alles mit Schweigen gen Himmel zu schicken und wandeln zu lassen …

Stefan Tausch, Pastor

Mitten im Lärm dieser Welt
die Muttersprache des Himmels lernen:
Schweigen.

Aus dem Schweigen
in die Stille kommen
und auf seine Stimme hören.

Ein Hamperle

Ich brauche einen
nur zu sehen
und schon weiß ich:
So einer ist das.

Einer braucht mich
nur zu sehen,
und schon weiß er:
Das ist auch so einer.

STEHEN – Anstöße für jeden Tag des Jahres, 11. Mai

Da steigt einer in Biberach (Baden) in meinen Bus. Und was für einer! Wie der aussieht: ungepflegt, wilder Bartwuchs, billige Klamotten, ausgelatschte Schuhe und eine abgetragene Tasche. Ein richtiges Hamperle. Er setzt sich vorne hin. Ich frage ihn: „Möchten Sie einen Apfel?" – „Ja", sagt er. Und schon isst er ihn, ohne ihn vorher abzuputzen. – Mein Gott, muss der Hunger haben, denke ich. „Und wo wollen Sie hin?" – „Nach Oberharmersbach ins Hospiz", sagt er. Und Aids hat der arme Kerl auch noch!

Manfred, Busfahrer, in seiner späteren „Beichte" beim Hamperle Mitte Oktober 2021. Zum Abschied sagte Manfred mir: „Petrus, du beerdigst mich." „Ja," antwortete ich, „aber dann musst du vor mir gehen und du weißt, wie krank ich bin." Daraufhin sagte Manfred „Mach keinen Scheiß!"

Ich weiß noch gut, was meine Mutter mir vor fast 50 Jahren sagte, als sie zum ersten Mal Petrus sah: „Schau her, vor der Tür steht einer, der sieht aus wie so ein persischer Teppichhändler!"

Claudia

Als der Zug in den Karlsruher Bahnhof einfährt, fragt mich der Typ, der mir die ganze Fahrt über schräg gegenübersaß: „Soll ich Ihren Koffer herunternehmen?" Verwundert sage ich: „Ach, Sie sprechen Deutsch?!" – „Ja", antwortet er, „aber ich bin kein Deutscher." – „Habe ich es doch gewusst", sage ich: „Sie sind Russe!"

Petruschka Putkin

Obwohl ich Belgier bin, werde ich dort für einen Fremden gehalten. Wenn Menschen mich nach dem Weg fragen, ist oft ihre erste Frage, ob ich sie verstehe.

In Spanien verstehen die Leute nicht, dass ihre Sprache mir spanisch vorkommt. In Israel scheine ich ein richtiger Jude zu sein. Araber sprechen mich an mit dem Gruß: „Salam alaikum". Und wie oft wurde ich in Stuttgart gefragt: „Du türkisch Mann?" Und auf offener Straße muss ich mir sagen lassen: „Schaut den mal an: Der sieht aus wie Bin Laden!"

Mein Gott, wie sehe ich denn aus, dass jeder in mir etwas sieht, was ich nicht bin?! Dabei bin ich doch nichts anderes als die anderen auch: o.f.W., ohne festen Wohnsitz, nur auf der Durchreise, nicht wahr Manfred?

Nun bist du kurz vor Weihnachten mit 71 Jahren aus dem Bus der Zeit ausgestiegen. Du Philosoph, du warst so weise wie Sokrates: „Ich weiß, dass ich nichts weiß." Vielleicht weißt du nun, was wir nur glauben können.

Manfred, deine Beerdigung werde ich nie vergessen. Immer wieder höre ich mir die Choräle an, die deine Buben dir in der Kirche zum Abschied gespielt haben. Ich habe es auch noch nie erlebt, dass ein Vater von seinen sechs Jungs ins Grab versenkt wird und diese dann anschließend unter Tränen spielen: Ich hatt' einen Kameraden, einen bess'ren findst du nit ...

Wo warst du?

Die 1980er und 90er waren schwierige Jahre für mich: eigene Krankheit, familiäre Probleme, Pflege der Schwiegermutter, gleich mehrere, liebe, nahestehende Menschen verstarben: Vater, mein Mann, Bruder, Schwager, Freunde ... In einem Jahr musste ich 18-mal Abschied nehmen ...

Halt in „stürmischer" Zeit fand ich im Glauben, obwohl ich Gottes Wege nicht verstand. Trost und Ruhe gaben mir auch die Meditation. Demzufolge war ich viel auf der Suche nach spirituellen, wegweisenden Texten.

Und da begann meine Verbindung zu Petrus. 1986 fiel mir sein Buch *Jeden Tag neu* in die Hände. Es wurde mir zum Wegbegleiter durchs Jahr. Inzwischen steht gut „ein Meter Petrus Ceelen" in meinem Bücherregal. Ich denke, ich habe alle seine folgenden Bücher.

Und nein, sie verstauben nicht, denn ich nehme sie oft und oft zur Hand und finde darin Impulse für das tägliche Leben.

Ich mag seine kritischen, schonungslos ehrlichen Texte, seine gekonnten Wortspielereien – obwohl Deutsch nicht seine Muttersprache ist – und er aus dem Ausland, dem Elend kommt, wie er sagt. Ich mag die aufgedeckten Doppeldeutigkeiten und seinen feinsinnigen Humor in den Texten.

Das ganze Leben, von den tiefsten Abgründen bis zur größten Freude ist in seinen Büchern abgebildet.

*Ich kann mir nicht vorstellen,
dass ich eines Tages
mein eigenes Kind erwürgen,
meine Frau erdrosseln,
meinen Vater erschlagen,
meine Mutter vergiften könnte.*

*Aber das haben die Täter
Auch einmal gedacht.*

Jeden Tag neu, 30. September

Zu den Büchern kamen im Lauf der Jahre persönliche Begegnungen hinzu, die sich mir einprägten und für die ich sehr dankbar bin.

Wenn ich jemanden benennen sollte, der in unserer Zeit Nachfolge Jesu glaubhaft lebt, dann stünde Petrus ganz oben auf der Liste. Und Petrus hatte eine wunderbare Frau an seiner Seite, die – Gott weiß es allein – so viel mitgetragen hat.

Lieber Petrus, du hast jahrzehntelang die Beweislast dafür getragen, dass Gott nahe und gütig ist, auch da, wo wir ihn nicht vermuten oder ihn haben wollen – am Rande der Gesellschaft.

Gott wird dir einmal viele Fragen beantworten müssen.

*Wo warst du,
als dein Sohn am Kreuz
erstickte?*

*Wo warst du,
als in deinem Namen
sogenannte Hexen in Rauch
aufgingen?*

Wo warst du,
als dein Volk
durch den Schornstein
ging?

Wo warst du da?

Sag nur nicht,
du warst da.

Jeden Tag neu, 9. April

Dankbar schaue ich auf 35 Jahre zurück, in denen du, lieber Petrus mir mit den Begegnungen und deinen Schriften immer wieder ein echter Wegbegleiter warst und bleiben wirst.

Marliese

Gott wird dir einmal viele Fragen beantworten müssen … Und Er wird mich fragen: „Und wo warst du, als ich die Erde gründete? Sag´s mir, wenn du so klug bist!"

Hiob 38,4

Liebe macht sehend

„Was hat sie nur in dem gesehen?" Nur sie hat in ihm den Schatz gesehen, der in ihm verborgen ist. Liebe öffnet die Augen für das, was andere nicht sehen. „Als ich dich gesehen habe, habe ich gleich gewusst: du bist es!" Liebe auf den ersten Blick. Viele brauchen zwei bis zwölf Blicke, bis sie blicken, was für ein Schatz im anderen verpackt ist. Die Deutschen nennen ihren Schatz auch Schätzchen, die Schwaben sagen Schätzle, die Franzosen mon trésor, meine Schatztruhe – voller kostbarer Edelsteine und Diamanten. Selbst die schnuckeligste Schatztruhe hat ihre Ecken und Kanten, doch diese lassen sich auch liebgewinnen.

Plappergeil, S. 55

Lieber Papa, ich danke dir, dass du von Anfang an den Schatz in Mama erkannt und ihn nie losgelassen hast!

Deine Katrin

Als eure Mama und ich uns kennenlernten, war ich noch im Speyerer Priesterseminar. Gott sei Dank habe ich den Absprung noch rechtzeitig geschafft. Sonst hätte ich vielleicht auch zwei Leben gelebt und meinen Schatz verstecken müssen. Nun aber können sich unsere Töchter sehen lassen.

Mama

*Unser aller Leben hat damit angefangen,
dass wir ein Teil unserer Mutter waren.
Sie hat uns unter ihrem Herzen getragen,
unter Wehen zur Welt gebracht.
Die Muttermilch war unsere erste Nahrung.
Sie hat uns die Muttersprache beigebracht.
Mama war unser erstes Wort.
Beim Tod unserer Mutter stirbt ein Teil von uns mit,
tragen wir ein Stück von uns selbst zu Grabe.
Wir mögen noch so groß und alt sein,
ohne unsere Mutter fühlen wir uns bisweilen
mutterseelenallein.*

Denk Zettel, S. 82

Dieser Text hat mich spontan tief berührt, auch wenn „Mama" für mich fast 98 Jahre lang immer Mutti war. Ihr verdanke ich mein Leben – ich glaube sogar mehrfach ... Darf ich mal erzählen ...

Ich, Christiane, wurde am 23. Juli 1942 geboren und meine Mutti musste alleine mit mir aus Ostpreußen flüchten im Spätsommer oder Herbst 1944. Sie lief mit mir durch den Wald und immer, wenn ich weinen oder jammern wollte, denn ich war barfuß, Schuhe besaß ich nicht, beschwichtigte sie mich mit: „Horch, still, hör mal, das Mäuschen kommt" und ich lauschte still... Wir liefen durch den Wald Richtung Grenze (?) oder Flüchtlingszug und plötzlich stoppte uns ein lautes „Stoi – stehen bleiben! Hände hoch! – beide!" Wir hoben beide unsre Arme hoch … Ein junger (wohl polnischer) Soldat kam mit seinem angelegten Gewehr hinter einem Baum vor und zielte auf Mutti und mich. Mutti war hoch schwanger!! Welch schreckliche Situation!

Aber Mutti – knapp 23 Jahre alt – war so geistesgegenwärtig und „cool", ging mutig auf den jungen Soldaten zu und sagte wohl auf Polnisch zu ihm: „Junge – überleg mal … wenn deine Mutter dich jetzt hier in der Situation sehen könnte … was würde sie wohl sagen?!" Der junge Mann war still, nahm sein Gewehr runter (und ich wohl meine Arme) und drehte sich um und verschwand im dunklen Wald.

Mutti, ich danke dir, dass du im richtigen Moment die richtigen Worte gefunden hast, die lebensrettenden für uns „drei" – ganz instinktiv aus deinem Inneren heraus. Später gelangten wir per Zug nach Dommitzsch an der Elbe, wo wir von einer Familie Fischer (am Bahnhof) freundlich aufgenommen wurden und wo mein kleiner Bruder Hartmut am 10. November 1944 geboren wurde …

Ohne meine Mutti fühle ich mich tatsächlich manchmal mutterseelenallein. Ich habe so Sehnsucht nach ihr – und schon kullern Tränen auf die Tastatur – vor „Heim-Weh" und Dankbarkeit und Liebe.

Wie sehr sehne ich mich danach, dass sie mich noch einmal in den Arm nimmt und mich an sich drückt! Nun bin ich schon so alt und doch habe ich immer noch das Bedürfnis, dass Mutti mich beschützt und behütet.

Am 1. September 2021 wäre meine liebe Mutti 100 Jahre geworden. In dankbarer Erinnerung an sie habe ich eine Bank aufstellen lassen, vor dem großen Baum auf der Waldheide. Wie oft saßen wir zusammen auf einer Bank und haben miteinander geredet. Auch in den zehn Jahren als sie dement war, waren wir uns sehr nahe. Nun ist ihr Platz leer, aber ich spreche immer noch mit ihr und sie hat mir stets noch viel zu sagen. Vielleicht werde auch ich – wie manch andere – auf dem Sterbebett nach meiner Mutti rufen, damit sie mich an die Hand nimmt und mich zu sich holt ...

Christiane

Meine Seele ist still und ruhig geworden. Wie ein kleines Kind bei seiner Mutter; wie ein kleines Kind, so ist meine Seele in mir.

Ps 131,2

Liebe Lacherinnen und Lacher

Lachst du in dich hinein,
freut sich dein Innerstes.
Lachst du von Herzen,
lockerst du hundert Muskeln.

Schüttelst du dich vor Lachen,
schüttest du Glückshormone aus.
Lachst du Tränen,
badest du deine Seele.

Lachst du über dich,
hast du immer etwas zu lachen.
Lachen ist gesund,
bis du dich tot lachst.

Denk Zettel – Aus meiner bunten Lebensbibel, S.116

Ich lache gerne und erzähle gerne Geschichten, die andere zum Lachen bringen. So gerne und viel wie ich lache, so viele Tränen mindestens habe ich auch geweint. Wenn ich an meine Mutter denke, muss ich meistens lachen. Es ist auch so, dass ich mich vor allem an die Geschichten erinnere, die mich zum Lachen bringen. Sie ist 91 Jahre alt geworden bei klarem Verstand und vor allem aus ihren letzten Lebensjahren habe ich viele erheiternde Geschichten in Erinnerung. Eines Tages holte ich sie mal wieder ab, damit sie ein paar Tage bei mir und meiner Familie verbringen sollte. Meine

Schwester Trudel wohnte in ihrer Nähe und kümmerte sich um sie. Sie war dabei, als ich sie abholte und fragte, ob sie auch alles eingepackt habe. Hast Du auch deine Zahnbürste eingepackt (Hosch oa: dei Zoberscht eingepackt? – kurpfälzisch) antwortete meine Mutter (Oh weije dem one Zoh), oh wegen dem einen Zahn. Wie sie es gesagt hat und dabei mit der Hand abgewunken hat, erheitert mich immer wieder, so oft ich dran denke. Bei mir hat sie dann mit mir im Ehebett übernachtet. Vorm Einschlafen hat sie einige Gebete mehr oder weniger laut vor sich hin gebetet. An einem Abend hat es mir zu lang gedauert und ich hab gesagt: Mama sei leiser, ich will schlafen. Daraufhin hat sie geflüstert: wir müssen leise sein, die Gabi will schlafen. Offenbar hat sie eine Unterhaltung geführt, möglicherweise mit meinem Vater, der ein paar Jahre zuvor verstorben war. Die Situationskomik erheitert mich, wann immer ich dran denke.

Vor zwei Tagen habe ich mit Martin telefoniert. Martin ist 97 Jahre alt und lebt im Pflegeheim. Wenn er meine Stimme hört, dann freut er sich. Ich habe ihm gesagt: „Martin deine Stimme und dein Lachen hören sich noch genauso an wie vor Jahrzehnten und wie immer, seit ich Dich kenne." – „Das kann ich nicht beurteilen", hat er gesagt, „aber wenn Du es sagst, dann wird es schon so sein." Martin gehört der Generation an, die als Jugendliche in den letzten Tagen des 2. Weltkrieges noch rekrutiert wurden. Im Mai 1945 hat er in der Nähe von Bad Kreuznach mit vier Kameraden in einem schlammigen Erdloch überlebt. Es hat ständig geregnet. Seit dieser Zeit hat er Kopfschmerzen, nicht irgendwann, nein ständig, keine Stunde keine Minute keine Sekunde ohne Kopfschmerzen. Er hat zweimal versucht sich das Leben zu nehmen. Jetzt ist er 97 und lacht immer noch, obwohl manche Menschen sein lautes Lachen stört, hat er mir gesagt. Er hat drei Söhne. Markus, sein ältester Sohn ist behindert. Martin hat sich bei all seinen Lebensproblemen die Freude am Leben erhalten können mit Gottes Hilfe. Durch diese Probleme hat er die Lebensfreude neu buchstabieren gelrnt und ein Lachen gelernt, das wahrhaftig ist. Ich bin froh, dass er noch in meinem Leben ist.

Petrus, auf dem Friedhof vergeht uns das Lachen, erst recht, wenn dein eigener Mann daliegt. Trotzdem hätte ich am liebsten laut losgelacht, als ich hörte, wie eine Frau dich bei einer Beerdigung am offenen Grab fragte: „Wo kann man Sie buchen?"

Gabi

petrus-selige-leichenrede@aus-die-maus.org

Mitten unter uns

1995 fand in Plön der Kreis-Hospiztag statt, mit Petrus Ceelen als Gastredner.

Das Thema hieß: „Der soziale Tod in unserer Gesellschaft – Am Rand – mitten unter uns". Dieser Vortrag hat mich sehr beeindruckt und mir in vielen Dingen die Augen geöffnet. Ich habe dazugelernt. Seitdem habe ich z.B. eine ganz andere Einstellung zu Obdachlosen und Bettlern bekommen. Wenn ein Mensch in der Fußgängerzone oder auf der Straße sitzt, mache ich keinen Bogen mehr um ihn, sondern habe inzwischen den Mut, ihn anzusprechen oder lächele ihn an. Ich erlebe Dankbarkeit. Es tut dem Menschen am Rande gut, beachtet, wahrgenommen zu werden.

Menschen beginnen zu sterben, wenn sie
nicht mehr angesehen werden.
Ohne Ansehen kann keiner sein. Der soziale Tod
ist oft noch schmerzlicher als das reale Sterben.

Am Rand, Mitten unter uns, S. 15

Als Trauerbegleiterin bin ich stets auf der Suche nach Texten, die Trauernden Trost geben können. Oft sagen mir Trauernde, dass es ihnen unangenehm ist, wenn sie weinen müssen. Ich antworte dann: „Freuen Sie sich, dass Sie es können. Lassen Sie ihre Tränen laufen!" Gerne lese ich dann den Text: *Der Trost der Tränen* aus dem Heft: *Ich bin da für dich*.

"Wenn du weinen kannst, so danke Gott.", weiß Johann Wolfgang von Goethe. Tränen schmecken bitter, aber es tut gut, das Bittere heraus zu weinen. Dadurch löst sich der Schmerz. Tränen entlasten, nehmen Druck weg von dem, was uns bedrückt. Weinend kommen wir mit unserer innersten Quelle in Berührung. Tränen sind das Grundwasser unserer Seele. Weinend waschen wir unsere inneren Verwundungen aus. Tränen reinigen, klären den getrübten Blick. Augen, die geweint haben, sehen klarer. Deshalb nennt man Tränen auch die Perlen der Seele. Durch das Weinen kommt Trost in unser Innerstes – der Trost der Tränen. Weinen können ist ein Geschenk.

Über diese Zeilen sind die Menschen sehr dankbar, fühlen sich getröstet und erleichtert. Und ich bin dankbar, dass ich ihnen damit Gutes tun konnte und tun kann.

Silke Eckeberg

Ohne Worte

*Der Weise weiß, was er verschweigt.
Der Weise weiß, wann er was sagt.
Zur rechten Zeit das richtige Wort.
Ein weises Wort.*

Denk Zettel – Aus meiner bunten Lebensbibel, S. 113

Wenn man in den frühen 90iger Jahren im Hospizbereich tätig war, wurde man unweigerlich von der damals mit Wucht über das Land rollenden AIDS-Welle erfasst. Da tauchten plötzlich die zahlreichen AIDS-Kranken auf – verstörend und störend in den Institutionen unseres wohlgeordneten Gesundheitssystems. Wohin mit diesen Schwulen, Strichern und Junkies aus schmuddeligem Randgruppenmilieu? Und wir trafen dabei auch auf einen, der es sich wortgewaltig zur Aufgabe gemacht hatte, gerade diesen ausgegrenzten Menschen zur Seite zu stehen, auf Petrus Ceelen, den ersten AIDS-Seelsorger. Wir im Haus Maria Frieden im Schwarzwald, dem ersten Hospiz in Baden-Württemberg, beseelt vom noch jungen Hospizgedanken und dem Wunsch, einen achtsamen und anderen Umgang mit Krankheit, Leiden, Sterben und Tod wiederzubeleben und einen guten Ort zu schaffen für ausgegrenzte Menschen am Ende ihres Lebens und Petrus, auf der Suche nach einem menschenwürdigen und geborgenen Zufluchtsort für seine oft todkranken Schutzbedürftigen. So entstand über viele Jahre eine fruchtbare Zusammenarbeit mit gemeinsamen Erfahrungen und Erkenntnissen für eine gute Begleitung von Menschen in

Grenzsituationen ihres Lebens – zum Beispiel der Erkenntnis, dass es oft nur wenig braucht für einen menschlichen Beistand von Sterbenden und von Menschen in Verlustsituationen.

Petrus Ceelen hat eine solche Situation im Krankenhaus, am Bett der dreizehnjährigen aidskranken Miri, unlängst in einem Interview eindrücklich beschrieben: „Ich saß an ihrem Bett …. und war betroffen, wie sie ihre ganze Verzweiflung rausschrie, wusste nicht, was tun. Mit ihrem piepsigen Stimmchen sagte sie: „Nur ein bisschen da sein", und so blieb ich zwei Stunden lang und hielt ihre Hand. Tief beschämte mich, als sie sagte: „Du hast mir heute sehr geholfen!" Dabei hatte ich mehrmals den Impuls gehabt, zu gehen, war aber trotzdem geblieben" (Nur ein bisschen da sein… Fragen an Petrus Ceelen; in Bundes-Hospiz-Anzeiger 3/2021, S 14). Das Schweigen, das in diesem Beispiel beschrieben wird, ist wahrscheinlich erfüllt von – mitfühlenden – Worten, die, wenn auch nicht ausgesprochen, trotzdem wirken.

In diesem Beispiel kommt etwas sehr Wesentliches und auch Bekanntes zum Ausdruck. Wir alle, die wir in der Hospizbetreuung aktiv sind, kennen diese Erfahrung. Man ist bei einem betroffenen Menschen, unsicher und ratlos manchmal, und die geballte Fachkenntnis, was jetzt zu tun wäre, ist uns vorübergehend abhandengekommen. Und dann geschieht etwas in der Situation, was sich als hilfreich erweist. Aber es ist nicht das Ergebnis einer zielgerichteten Intervention oder eines Konzeptes. Oft wissen wir auch im Nachhinein nicht, was da genau geschehen ist und bleiben, wie Petrus Ceelen beschreibt, fast beschämt zurück. Es geht offensichtlich um eine Dimension, in der es um Ruhe geht, um Raum und Stille und um Zeit, die nicht mit Maßnahmen verplant oder „bewirtschaftet" ist. Eine Dimension, in der Weniger oft Mehr ist und in der auch Raum für die Hilflosigkeit der Helferinnen ist, einer Hilflosigkeit, die wir nicht verstecken müssen.

Solche sehr grundlegenden Erfahrungen aus der Hospizarbeit hat auch Petrus Ceelen immer wieder in seinen Büchern beschrieben. Eines seiner Bücher trägt ja den Titel *Die Kunst des Schweigens*. Und wir haben bei der häufigen Begegnung mit dem Sterben auch angefangen, über den Tod hinauszudenken. „Haben Sie Freunde unter den Toten?", eine Frage aus dem Fragebogen zum Thema Tod von Max Frisch, hat mich im Laufe meiner Hospizarbeit immer wieder beschäftigt – auch wenn ich keine einfache Antwort darauf gefunden habe. Aber das Buch *Du fehlst mir – Gespräche mit Verstorbenen* von Petrus Ceelen, in dem er die im inneren Dialog gesprochenen Worte nach dem Verlust eines Angehörigen beschreibt, war da eine eindrückliche Ergänzung und Inspirationsquelle.

Im Austausch mit ihm, in Gesprächen über die Begleitungen der uns Anvertrauten, aber auch in Gesprächen über Gott und die Welt, bei Trauerfeiern und Beerdigungen auf dem Oberharmersbacher Friedhof und bei vielen Weihnachtsfeiern mit ihm wurden immer wieder die gemeinsamen Erfahrungen deutlich: Wenn man sich unvoreingenommen und ganz einlässt auf die Begegnung mit Menschen in solchen Grenzsituationen, stellt man fest, dass es meistens um sehr wenige einfache Dinge geht, die am Ende des Lebens wichtig werden – manchmal auch ohne Worte. Das haben wir bei Petrus, in seinen schönen Büchern und in vielen Gesprächen mit ihm wiedergefunden. Petrus, der Fels, war so etwas, wie ein Resonanzfelsen für diese wichtigen Erfahrungen und er war für uns ein Bruder im Geiste. Die Begegnungen mit ihm waren oft eine Bestätigung und Vergewisserung für uns. Dafür sind wir dankbar.

Thile Kerkovius,
ehemaliger Leiter des Haus Maria Frieden in Oberharmersbach

Im Hospiz zeigen die Mitarbeiter, was man noch alles für einen Menschen tun kann, für den die Medizin nichts mehr machen kann.

Jeden Tag aufstehen

*Jeden Tag aufstehen,
auf eigenen Beinen stehen.*

*Jeden Tag im Leben stehen,
das Alte neu bestehen.*

*Jeden Tag andere ausstehen
und zu sich selbst stehen.*

*Jeden Tag verstehen,
dass Gott hinter allem steht.*

*Jeden Tag aufstehen
zu neuem Leben.*

*Jeden Tag
neu!*

Jeden Tag neu (1986) – Zum Beginn

Dieser Text begleitet mich seit vielen Jahren. Irgendwann später habe ich es handschriftlich in das Buch *Jeden Tag neu – Anstöße zum Aufstehen* geschrieben, das ich von meiner Mutter bekommen habe. Sie bekam es 1994 geschenkt, für mich ein Jahr, in dem ich nach einer sehr schweren Zeit wieder lernen musste aufzustehen. Vielleicht bekam ich das Buch von ihr im Jahr 2004, als unser Sohn nach einem schweren Unfall sechs Wochen im Koma lag.

Dass er heute ein normales Leben führen kann, ist für mich immer noch wie ein Wunder. Eine schwere Zeit, in der ich mir immer wieder sagte: Jeden Tag aufstehen – jeden Tag neu. Wie auch im Jahr 2014, als mein Mann nach längerer Krankheit an Krebs starb und zur gleichen Zeit unsere Enkelin an Krebs erkrankte. Nach langen Monaten mit allen möglichen Therapien ist sie bis heute gesund und bleibt es hoffentlich auch. Diese Jahre, in denen das Aufstehen oft unmöglich schien, waren besondere und sind deshalb in mir eingeschrieben. Aber auch der Tod einer sehr lieben Freundin, die ich begleiten durfte, sowie der plötzliche Tod unseres Vaters gehören zu diesen Erfahrungen. Doch wie oft sind es nur kleine Sachen und Begebenheiten, die uns das Aufstehen schwer machen. Auch die Corona-Zeit gehört dazu.

Etwas hat mir beim Aufstehen immer geholfen – der Tanz! Seit meinem späten Theologie-Studium engagiere ich mich in der kirchlichen Frauenarbeit und in der Gemeinde. Damals lernte ich den meditativen Tanz als Ausdruck und Methode in der Erwachsenenbildung kennen und lieben. Nach einigen Fortbildungskursen war ich viele Jahre selbst in der Kursleitung für meditativen Tanz und biblischen Ausdruckstanz und in vielen Tanzgruppen tätig. Inzwischen habe ich mich zwar ein bisschen zurückgezogen, aber immer wieder tanze ich vor allem mit Frauen zu allen möglichen Lebensthemen. Dazu gehört das Aufstehen genauso wie das In-Ruhe-Sein, ins Gleichgewicht-Kommen, Geerdet-Sein und vieles mehr, das sich im Tanz ausdrücken und spüren lässt. Ich erinnere mich gut an den einen oder anderen Tanztag zu Frauen in der Bibel wie Sara, Maria von Magdala oder die Tochter des Jairus: „Talita Kumi – Junge Frau, steh auf!" Auch wir heute brauchen diesen Zuspruch. Und was liegt dann näher, als mit dem Text *Jeden Tag aufstehen – jeden Tag neu* einen Impuls zu setzen. Tänze, in denen wir dieses Immer-Wieder-Neu-Aufstehen spüren können, gibt es viele – auch von mir choreografierte. Wenn ich so überlege, habe ich diese Tänze zu Aufbrechen, Aufstehen, Gehen … in genau diesen Zeiten choreografiert, in denen ich selbst diesen Zuspruch nötig hatte.

Marie-Anna

Niemand kann mir nehmen, was ich getanzt habe.

Spanisches Sprichwort

Kein bisschen Herzblut verloren

Lieber Petrus,

deine Bücher und deine Worte damals bei meinem Besuch in der „Brücke", der Anlaufstelle für Menschen am Rande, haben in mir bereits als Teenager den Wunsch geweckt, Sozialarbeiterin zu werden. So stark und so sicher, dass ich die Schule abbrach, die Erzieherausbildung machte und direkt danach Soziale Arbeit studierte. Nun arbeite ich seit knapp 10 Jahren mit geflüchteten Menschen und habe kein bisschen Herzblut verloren.

Aufstehen meint mehr als morgens aus dem Bett zu kommen. Immer wieder gilt es aufzustehen, um der alltäglichen Routine und Gedankenlosigkeit nicht zu erliegen. Aufstehen gegen die Trägheit des Herzens, gegen die Gleichgültigkeit, gegen die soziale Kälte mitten unter uns. Und immer wieder aufzustehen gegen die Moralapostel um uns und gegen den Pharisäer in uns. Auf selbstgerechten Beinen stehen ist eine große Versuchung, der es täglich zu widerstehen gilt.
Aufstehen heißt auch Widerstand leisten.

Dieser Abschnitt des Vorwortes aus deinem Buch *Stehen* begeistert und bewegt mich jedes Mal aufs Neue. Gefüllt mit so vielen wichtigen Aussagen, so treffend und klar formuliert.

Geflüchtete Menschen sind täglich konfrontiert und umgeben von sozialer Kälte und Gleichgültigkeit. Ihr Schicksal lässt viele kalt. Ich staune jedes Mal aufs Neue was diese Menschen bereits alles hinter sich haben, was sie erleben mussten und dennoch stehen sie. Sie zeigen mir so eindrücklich, was es heißt jedes Mal wieder aufzustehen, weiter zu machen, nicht aufzugeben. Trotz der Ungewissheit um ihre Zukunft hier in Deutschland, trotz der Angst vor einer Abschiebung, trotz der Sorge um die Familie, trotz des Lebens am Existenzminimum, trotz all der traumatischen Erlebnisse auf der Flucht und im Heimatland, stehen sie immer wieder auf, trotzen den Bedingungen und Erfahrungen. Und mehr als das, ich sehe sie so oft das Leben feiern.

Wir, die in materieller Sicherheit leben, übersättigt und lustlos, können und sollten uns da häufig etwas abschauen.

Petrus, dein Text ist aber gerade im Hinblick auf die jetzige Corona-Zeit so enorm wichtig und total passend. Die Pharisäer und Moralapostel in vielen von uns laufen gerade mehr und mehr zur Hochform auf. Selbstgerecht, belehrend und hochmütig sind wir von den eigenen Anschauungen und unserer Unfehlbarkeit überzeugt und lassen keine andere Meinung gelten. Gleichgültig vermeiden wir Verantwortung und ignorieren willentlich fremde Schicksale. Wir haben es uns in unserer Neutralität bequem gemacht, die uns rät uns rauszuhalten. Zunehmend achtlos gehen wir miteinander um.

Widerstand zu leisten, bedeutet für mich einmal mehr nicht wegzuschauen, die Denkfaulheit nicht siegen zu lassen und Verbindendes zu suchen, statt weiter auszugrenzen.

Stehen wir auf!

Deine Isabell

Gut, dass es dich gibt!

Nicht nur Buchtitel, vor allem aber der Anfang einer Deiner Beglückungskarten, mit der wir vielen Empfängerinnen und Empfängern eine Freude machen konnten.

Für uns ist dieses Bekenntnis – bei den vielfältigen Texten und Lebensweisheiten, die Du zu Papier gebracht hast – auch über Dich und für Dich bestimmt. Es ist nicht einfach im Sinne eines Feiertagswunschs gemeint, sondern als Ausdruck einer tiefen Freundschaft, die sich seit unserer Studienzeit in Mainz bildete und die durch unsere unterschiedlichen Berufswege nicht geschmälert wurde. Das Bewusstsein, mit gleichen Grundvoraussetzungen den Weg über das Europaseminar in Maastricht – das Tor zu einer offenen Weltanschauung sowohl in theologischer als auch sozial/gesellschaftlicher Sicht – gewählt zu haben, blieb.

„Gut, dass es Dich gibt!", denn Du hast uns schon früh sensibilisiert für das Leid der Menschen, die *ein- oder ausgeschlossen* sind.

In dem gleichnamigen 1983 im Patmos Verlag erschienenen Buch hast Du im Eingangsgedicht der Gefängnismauer Worte gegeben. Die Mauer stellt sich vor, sie bringt uns zum Nachdenken und führt zu einem Gebet zur Überwindung aller Mauern:

Mein Gott,
Du magst keine Mauern,
keine Trennwände
zwischen uns Menschen.
Du lässt Deine Sonne aufgehen
über uns allen.

„Gut, dass es Dich gibt!", denn Du hast uns daran erinnert, dass das Schicksal nicht nur dem Zufall überlassen werden kann:

Zwei Engel haben geschlafen,
aber der Dritte war hellwach
…
Mensch, sei fair!
…
Sei so gut
Und lass deinem Engel eine Chance.

Gut, dass wir die letzten Jahre zusammen mit Christiane vor allem in unserer alten Heimat Belgien genießen konnten.

Gut, dass es Dich gibt.
Wie schön, dass Du da bist.

André und Marianne

Mein Lieblingsbuch

Es ist viele Jahre her, dass dieses Buch geschrieben wurde, und inzwischen gab es noch viele neue von Petrus. Und doch ist es das Buch, das mich auch jetzt wieder bewegt hat, als ich es nach Jahren wieder in die Hand genommen und gelesen habe. Schön, dass es Dich gibt, ist der Titel und damit fühlt man sich willkommen und angenommen. Und dann die verschiedensten Menschen, um die es geht und mit denen dieser bodenständige und menschliche Jesus spricht! Frauen und Männer, die zweifeln, sich auflehnen, die am Rande der Gesellschaft stehen. Eine Freundin, die das Buch gelesen hat, sagte mir: man ist immer gespannt, was er jetzt sagt – und so habe ich es auch empfunden. Manchmal ist er sehr streng mit seinen Gesprächspartnern, aber dann wieder ist er unglaublich einfühlsam, besonders wenn es um die Schwachen in unserer Gesellschaft geht. Und wenn er zu der Kranken sagt, dass ein Gebet nicht die Wirkung einer Münze hat, die man in den Automaten wirft, aber dass das Gespräch mit Gott uns hilft, unser Kreuz besser zu ertragen, dann hilft mir das auch die Ungerechtigkeit im Leben vieler Menschen auszuhalten. „Wenn du Gott um Kraft bittest, wird dein Kreuz nicht leichter, aber deine Schultern werden breiter." Es sind viele solcher Sätze, die das Büchlein für mich so wertvoll machen.

Und deswegen glaube ich, dass es auch weiter zu meinen liebsten Büchern zählen wird. Dieser menschliche Jesus ist für mich die Verbindung zu Gott, zumal er alle Menschen annimmt, wie sie sind. Und jeden anerkennt in seinem Wesen. Und das ist etwas, was wir alle brauchen.

Marlies

Jesus ist das Ja Gottes zu jedem Menschen. Davon ist in den eigenen Reihen der Kirche nichts zu spüren. Bei einem heimlichen Treffen von katholisch schwulen Bediensteten sagt ein Priester: „Uff, tut das gut! Hier kann ich wenigstens der sein, der ich bin." Dabei verkündet er schon seit dreißig Jahren die Frohe Botschaft: Jeder Mensch wird unbedingt von Gott geliebt, so wie er ist.
Die Schere im Kopf schreit zum Himmel! Liebe deinen Nächsten wie dich selbst, aber du darfst dich selbst nicht lieben, du Saukerl. Schwule und Lesben verstecken ihre Beziehung, aus Angst ihren Arbeitsplatz zu verlieren. Und diese Kirche soll die Mutter sein? Eine Mutter liebt jedes Kind, bedingungslos.

Abgestoßen – abgestorben

Nur der Titel fehlt noch – dieses Buch hat mich besonders angesprochen. Zum Beispiel das Kapitel: *Zu den Gefangenen hingezogen*. Dieses Gefühl kenne ich. Schon als kleines Kind von 8 oder 9 Jahren zog es mich regelmäßig an das sogenannte „Bonner Loch", wo Junkies und andere Kriminelle sich regelmäßig trafen, um ihren Geschäften nachzugehen, zumeist Drogendeals, oder um sich zu besaufen oder zu fixen. Dieser Ort war für mich magisch und mit zunehmendem Alter wurde ich einer von ihnen, saß mit ihnen zusammen, trank Bier, drehte meine Joints. Mir fehlten die Sozialisation und die Erziehung, also lebte ich fast alle meinen Fantasien aus, was mich letztendlich, und vermutlich für den Rest meines Lebens, ins Gefängnis brachte.

Eine weitere Geschichte, die mich an mich selber erinnert, ist *Am Rande bemerkt*. Mein ganzes Leben lang wurde ich von vielen Menschen abgestoßen, angefangen von meinem Vater, der mich von einer Einrichtung in die andere brachte, wofür ich mittlerweile Verständnis aufbringen kann. Dann gab es die Klassenkameraden, die mir sagten: „Haha, du Heimkind, keiner hat dich lieb." Bis hin zu den Schwiegereltern, die mich verachteten, weil ich eine Zeitlang für einen Kirmes-Schausteller arbeitete. Sie sagten, dass nur Zigeuner auf der Kirmes arbeiten und sie alle seien Betrüger.

Ich denke, dass all diese Abstoßungen der Grund dafür sind, dass ich schon im frühen Alter von 8 Jahren davon sprach, nicht mehr leben zu wollen, was sich auch bis heute nicht geändert hat. Im Alter zwischen 11 und 15 Jahren habe ich mehrmals versucht mir das Leben zu nehmen. Einmal bin ich einfach vor ein Auto gerannt, dann habe ich es mit Medikamenten versucht, einmal habe ich sogar versucht mir die Pulsadern aufzuschneiden. Nix hat so richtig funktioniert, weshalb ich es wieder aufgab. Ich gab nicht nur die Suizidversuche auf, ich gab mich selbst auf.

Ich hatte das Gefühl, dass mich nur die Obdachlosen, die Junkies und Säufer verstanden, weshalb ich auch des Öfteren aus den Einrichtungen abgehauen bin und mit ihnen auf der Straße lebte. Die Menschen vom „Bonner Loch" wurden zu meiner Familie, das Bonner Loch zu meinem Zuhause.

Ein Kapitel, das mich auch persönlich ansprach ist *An der Sprachgrenze*. Da heißt es: „Mädchen und Jungen, die sexuell missbraucht wurden, können oft noch nach Jahrzehnten nicht darüber reden."

Ich führe seit knapp 1,5 Jahren therapeutische Einzelgespräche und kann noch immer nicht darüber reden, was mein Pflegevater mir genau angetan hat.

Ich kann zwar sagen, dass er mich sexuell, teilweise schwerst sexuell missbraucht hat und meine Gegenwehr durchbrach, indem er vor meinen Augen einem Schaf die Kehle aufschlitzte und mir sagte, dass er das Gleiche mit mir macht, wenn ich nicht mache, was er will. Und damit ich das ja nie vergesse, hat er mir das Fell vom Schaf vor mein Bett gelegt, nachdem er vom Gerber kam.

Ich war damals 10 Jahre alt, als ich in diese Pflegefamilie

kam, und es dauerte nur ein paar Wochen bis die Übergriffe begannen. Kurz vor meinem 14. Geburtstag wurde ich dann das erste Mal selber übergriffig an einem Nachbarsmädchen, was noch am gleichen Tag rauskam. Seit diesem Tag hörten dann auch die Übergriffe von meinem Pflegevater auf und mit Anfang 14 kam ich in meine erste Kinder- und Jugendpsychiatrie, doch von dem Missbrauch, den ich erfuhr, habe ich erst das erste Mal, mit meinem aktuellen Psychologen geredet. Ich habe mir fest vorgenommen, dass ich im nächsten Jahr über ALLES reden will, was geschehen, nein, was mir angetan worden ist.

An der Großen Grenze ist ein weiteres Kapitel, das ich gut, aber auch traurig finde. „Der Aidskranke Jan, 25, hatte im Angesicht des Todes nur noch einen Wunsch: Noch ein Mal den Wald sehen." Diesen Wunsch kann ich total nachvollziehen. Ob es in meinem ersten Kinderheim war, oder in der Pflegefamilie, wenn es mir schlecht ging und ich meine Ruhe von allem haben wollte, rannte ich tief in den Wald, setzte mich auf einen Baum oder einen Jägerhochsitz, und verbrachte dort teilweise mehrere Stunden. Ich fühlte mich frei, frei und losgelöst von allen Sorgen und Problemen.

Traurig in diesem Kapitel fand ich folgenden Absatz: „Die todkranke Sabine schaffte es die letzte Nacht noch bis ins Bett ihrer Mutter, um sich an die Mama heran zu kuscheln und noch einmal ihre Wärme zu spüren. „Mama", bat sie, „gib mir noch einen Kuss." Dann starb Sabine in den Armen ihrer Mama." Auch wenn ich es nicht gerne zugebe, aber ein paar kleine Tränchen kamen mir schon, als ich diesen Absatz das erste Mal las.

Ich, der Mensch, der nie eine richtige Familie hatte, und sich schon seit Kindheitstagen wünscht zu sterben ... Was würde ich nicht alles dafür geben, in den Armen einer liebenden Mutter zu sterben!

Ich denke, dass mir die Tränen kamen, weil ich wusste, dass ich so etwas nie erleben werde, egal, wie sehr ich es mir auch wünsche.

Bezüglich meines dauerhaften Wunsches, endlich zu sterben und den fehlgeschlagenen Versuchen mir selber das Leben zu nehmen, kam ich vor ein paar Tagen auf die Idee ein Gedicht zu schreiben.

> Es ist zwar nur ein kurzes Gedicht, spiegelt aber meine aktuelle Einstellung zu meinem Leben wider.
>
> „Ich bin des Lebens lang schon müd',
> obwohl ich's Leben erst halb gelebt.
> Drum leb ich's Leben weiter, – Tag für Tag,
> bis's Leben nichtmehr leben mag."

Markus, in einer deutschen Vollzugsanstalt

*Wer den Werdegang eines Menschen kennt,
kann verstehen, warum dieser Mensch so geworden ist.
Wer versteht, verurteilt nicht.*

Du wirst sehen ...

Lieber Petrus,

es war im Jahre 1983 bei einer Konferenz der Katholischen Gefängnisseelsorger der Diözese Rottenburg. Ich war gerade mit dem Theologiestudium fertig geworden und machte ein Praktikum in der Justizvollzugsanstalt Ludwigsburg bei Karl Halder. Diese Gefängnisseelsorger waren durchweg kernige Typen, so ganz anders als das kirchliche Personal, das ich bis dahin kennengelernt hatte. Du warst einer von ihnen, hattest schon einige Bücher über Deine Erfahrungen mit Menschen am Rande herausgebracht. Sie sollten mir ein Türöffner werden bei meiner ersten Stelle als Gefängnisseelsorger im Schwäbisch Haller Jugendknast.

Bei den jungen Gefangenen merkte ich schnell, dass ich mit der üblichen Kirchensprache nicht verstanden wurde. Gebete aus *Hinter Gittern beten* wurden deshalb oft zum Tagesgebet im Sonntagsgottesdienst. Es war aber nicht nur die Sprache, die sich änderte, sondern überhaupt das Verständnis für die Menschen und mein Selbstverständnis als Seelsorger. Begriffe wie Sünde, Gnade, Rettung wurden hier mit Leben gefüllt. Sünder war auch ich. Eine Gnade war es, dass ich meine kirchliche Überheblichkeit ablegen konnte. Eine Rettung war es, dass ich es auch mir sagen lassen konnte: Ich, Dein Gott, bin für Dich da und nehme Dich an, so wie Du bist. Dafür musst Du nicht erst eine Leistung erbringen. Diese Einsichten geschahen nicht an einem einzigen Tag, sondern brauchten Jahre. Zur Rückversicherung, dass ich damit nicht auf dem Holzweg bin, half mir immer wieder der Blick in eines Deiner Bücher, von denen Du zuverlässig jedes Jahr ein neues geschrieben hast. Es ist gar nicht einfach, einen dogmatischen Kirchenglauben loszulassen und auf Jesus zu vertrauen: Es ist die Liebe, die uns rettet.

Diese einfache Wahrheit, die wir so schwer glauben können, drückst Du tausendfach unterschiedlich aus. Dabei sparst Du nicht an Selbstkritik und verwendest nicht nur harmlose Bilder. Du gehst auch mit Gott selber ins Gericht, willst von ihm wissen, warum er all das Schreckliche nicht verhindert, wenn er doch allmächtig ist und die Menschen liebt. Am Ende bleibt uns aber nur das Vertrauen in den ohnmächtigen Gott, der bei uns ist und uns in Jesus unablässig entgegenkommt.

In Deinen Texten lässt Du die LeserInnen merken, dass Du auch das Ungereimte und Bedrückende kennst, dass Du sie in ihrem Leid verstehst. Im Gefängnis wurde mir das zunehmend wichtig. *„Jesus, schau ich auf dein Kreuz..."* kam oft als Gebet in meinen Gottesdiensten vor. Da war jedes Mal eine andächtige Stille. Vielleicht brannte vielen Gefangenen in diesem Moment auch das tätowierte Kreuz, mit dem sie sich gezeichnet hatten. Es war aber auch wichtig, den Häftlingen zu helfen, sich selber besser verstehen zu lernen. Zum Beispiel Dein Text:

Meine Eltern
sagten mir:
Du wirst sehen,
aus dir wird nichts.

Mein Lehrer
sagte mir:
Du wirst sehen:
aus dir wird nichts.
Mein Chef
sagte mir:
Du wirst sehen:
aus dir wird nichts.

Aus mir ist
nichts geworden.

Eingeschlossen – ausgeschlossen, S. 72

Dieser Text war als Hintergrund oft eine Hilfe, wenn Gefangene meinten, mit ihrer Straftat hätten sie sich weit von ihren Eltern entfernt. Sie staunten, wenn sie begriffen, dass sie letztlich gehorsame Söhne waren und die Erwartungen, die an sie gestellt wurden, gründlich erfüllten: *"du wirst sehen, aus dir wird nichts... aus mir ist nichts geworden"*. Auf dieser Basis konnte dann vielleicht ein Selbstvertrauen wachsen, dass sie auch das Zeug für das Gegenteil in sich trugen.

Im Laufe der Jahre durfte ich nicht nur den Autor Petrus Ceelen kennenlernen, sondern auch den Kollegen. Darüber hinaus wurden wir Freunde und noch viel mehr, weil wir spürten, dass wir Seelenverwandte sind. Die Leute haben oft gedacht, wir wären Brüder mit unseren dunklen Haaren und

Bärten – die inzwischen weiß geworden sind. Das ist aber nur äußerlich. Auch, dass unsere Frauen fast den gleichen Vornamen haben: Christiane und Christine und dass wir beide Zwillinge haben. Was uns wirklich verbindet ist das verletzliche Blümchen des Vertrauens in die Menschen und in die Welt und darüber hinaus.

Dass wir bei diesem Abenteuer uns gegenseitig begleiten und bestärken und auch aus unserer Angst und unseren Zweifeln keinen Hehl machen, dafür danke ich Dir von Herzen und wünsche, dass wir noch ein ganzes Stück Wegs miteinander gehen können.

   Mit einer herzlichen Umarmung

Dein Wolfram

Nach unserer „Gefängniskarriere" waren wir beide Aids-Seelsorger der Diözese Rottenburg-Stuttgart. Dort wurde die Kirche St. Eberhard zum Kondom zum Dom in Rottenburg erhoben. Als wir dann am Stuttgarter Flughafen den Urlaubern Kondome verteilten, auch aus Protest gegen das Kondomverbot der Katholischen Kirche, waren wir die Kondom-Protestanten.

Mein Begleiter

Nur mit einem einzigen seiner Gedichte ist mir Petrus Ceelen zum bleibenden inneren Begleiter geworden, das Gedicht zu einem meiner Lebensmottos.

Es kam in einer schwierigen Lebensphase in mein Leben, in dieser hat es mich zu tiefst berührt, mich erinnert, was ich mir liebgewordenen Menschen bedeute und sie mir. Später hat es mich aufgebaut, ermutigt, motiviert.

Besonders in Momenten, in denen wir uns nicht bewusst sind, was wir anderen bedeuten, wir ausgebremst sind, eingeschränkt, krank, verunsichert, uns ein Stück verloren und oder noch nicht ganz gefunden haben, können gute, wertschätzende Worte helfen, uns bewusster zu machen, zu stabilisieren, uns innerlich und körperlich wieder heiler werden zu lassen, den Blickwinkel zu weiten, zu ändern, zu ergänzen, uns weiter wachsen zu lassen, das taten sie bei mir.

Noch später hat mir das Gedicht geholfen, meine Wahrnehmung zu stärken, meinem inneren Empfinden zu trauen. So wuchsen das Vertrauen und die Sicherheit am gewachsenen Entschluss, es zu leben, festzuhalten und mir treu zu bleiben, auch wenn nicht jeder mit dieser Art von Ausdruck und Dankbarkeit umgehen kann. Lernpotential wohl für beide Seiten ...

Treu dabeibleiben, weil ich es so wichtig finde, mehr das Gute und die Wertschätzung in Worte zu fassen und in die Welt zu bringen, Dank auszudrücken und Selbstverständlichkeiten, die es nicht gibt, zu enttarnen.

Negatives findet leider oft viel schneller ins Wort ...

Manche Menschen wissen nicht,
wie wichtig es ist, dass sie da sind.
Manche Menschen wissen nicht,
wie gut es tut sie nur zu sehen.
Manche Menschen wissen nicht,
wie viel ärmer wir ohne sie wären.
Manche Menschen wissen nicht,
dass sie ein Geschenk des Himmels sind.
Sie wüssten es,
würden wir es ihnen sagen.

Das Gedicht ist so in die Tiefe gehend, bei offenem Herzen, dass es im Herzen verankert bleibt, wenn es einem zugesprochen wird und so begleitet es mich mein Leben lang, unendlich dankbar für dieses Samenkorn, das in meinem Herzen wächst und Früchte ins Leben bringt.

Es schenkt Dankbarkeit, Achtung, Wertschätzung, Aufrichtung, Annahme, Bestärkung, hilft über innere Verunsicherung hinweg, öffnet die Türe zur Liebe und Selbstliebe, wird zur Kraftquelle, zur Mut-Quelle, zur Lebensquelle für den Menschen selbst und es pflanzte bei mir zudem das Empfinden ins Herz, dies auch anderen Menschen weiter zu sagen, zuzusagen, weiter zu schenken, weiterzugeben, sie es spüren zu lassen, ja, du bist so ein Mensch und es ist gut, dass es dich gibt.

In diesem Sinne werde ich Petrus Ceelen immer in meinem Herzen dabeihaben, wenn ich meine positiven, dankbaren und liebevollen Wahrnehmungen ausdrücke und weiter schenke, oft dabei auch sein Gedicht als Geschenk.

Dafür und noch für so viel mehr danke ich dir lieber Petrus von Herzen …

In lieber Verbundenheit und tiefer Dankbarkeit, herzlichst

Monika

Worte wirken weiter, werden zur Musik. Manche Menschen wissen nicht wurde schon mehrmals vertont, zuletzt von Wilhelm Koch. Sein Plattdütsker Text ist ein niederdeutscher Dialekt zwischen Wiehengebirge und Mittellandkanal.

Manch Minske wäit nich

1. *Manch Minske wäit nich,*
wie gäot et es, datt wi öhrn hät,
un manch äiner wäit nich,
wie gäot et doit, öhrne täo säihn.

Refrain: Häi könn' et wierten,
wenn't wi öhrne sägget,
dat wör' gäot fo öhrn und dat wör' äok gäot fo us,
wör' gäot fo us un säo gäot fo öhrne.

Worte, die mir beibleiben

Lieber Petrus, Deine Texte stimmen mehr als nachdenklich, fordern auf weiter zu denken, – und oft auch mein Verhalten zu ändern. Eine bleibende Erinnerung ist für mich:

> *Meine Eltern sagten, aus Dir wird nichts.*
> *Mein Lehrer sagte, aus Dir wird nichts.*
> *Mein Meister sagte, aus Dir wird nichts.*
> *Aus mir ist nichts geworden*

Das ging mir tief unter die Haut. Es ist für mich bis heute der Aufruf, keinen Menschen zu entmutigen. Wie soll ein Mensch ohne Wertschätzung das Leben lieben lernen?!

39 Jahre lang trafen wir uns zu einem einfachen Morgengebet in unsrer St. Antoniuskirche. Sehr oft begann oder endete das Gebet mit einem Impuls aus deinen Büchern. Wie zum Beispiel:

> *Jeden Tag aufstehen,*
> *auf eigenen Beinen stehen.*
> *Jeden Tag im Leben stehen*
> *und das Alte neu bestehen.*
> *Jeden Tag andere ausstehen*
> *und zu sich selbst stehen.*
> *Jeden Tag verstehen,*
> *dass Gott hinter allem steht.*
> *Jeden Tag aufstehen*
> *zu neuem Leben.*
> *Jeden Tag neu.*

Was für eine Ermutigung für jeden neuen Tag!

Gott schreibt mit jedem Menschen eine Geschichte.
Kein Märchen.
Gott schreibt mit jedem Menschen seine Geschichte.
Eigenartig. Einmalig.
Du bist geliebt, heißt das Vorwort einer jeden Geschichte.

Jeden Tag neu (1985), 26. November

Ich danke Gott, dass er – dir Petrus – die Gabe, so zu schreiben, geschenkt hat. Uns zur Freude und Ermutigung.

Mary

Kein Märchen, die Erzählung
vom Sündenfall.
Adam sagt:
Eva hat mich verführt.
Und Eva beschuldigt
die Schlange.
Menschenkinder,
was macht ihr!?
Immer noch anderen
die Schuld zuschieben.

Öffne das Buch und es öffnet dich …

Lieber Petrus,

Deine *Denk Zettel* liegen bei mir an allen Orten des täglichen Umgangs. Am Stück können (und wollen wohl) deine Gedanken nicht gelesen werden. Aber es gilt: Öffne das Buch und es öffnet dich …

Du redest offen über deine Krankheit und das ermutigt mich, dir zu sagen, dass ich ähnliche Diagnosen habe. Nun haben wir beide zu kämpfen. Es ist immer noch nicht ausgemacht, was dem Kranken mehr nutzt: das Wort oder das Messer. Was heilt? Was mehr? Wir müssen an das irdische Ende denken und blicken dabei zwangsläufig, aber auch notwendig und manchmal gerne zurück.

Die Gottesfrage, die uns ein Leben lang beschäftigt hat, wird immer deutlicher. Man kann den Herrgott nur bitten, einem Jeden seine Kleingläubigkeit nachzusehen. Man ertappt sich ja immer wieder dabei in diesen Zweifeln. Vielleicht ist es dem Menschen auch eigen, irgendwie ein kleiner Thomas sein zu dürfen, der sich sagen lassen musste: „Selig, die nicht sehen, aber doch glauben!". Wir müssen damit leben und sterben, da noch keiner zurückgekommen ist. Das „Mysterium fidei", Geheimnis des Glaubens, bleibt uns aufgetragen.

Wahre Worte auf deiner Weihnachtskarte:

Wer glaubt, zweifelt, verzweifelt aber nicht.
Er sieht in dunkler Nacht das Licht leuchten.

Dein Titelbild ist sehr hübsch – aber ich meine grottenfalsch. Deine Bücher, deine Worte, deine Gedanken werden bleiben und nicht durchs Fenster fliegen. Du wirst auch mehr als ein Schatten sein.

Am Anfang deiner *Denk Zettel* denkst du dankbar an unzählige Menschen zurück, darunter auch an Rita. Sie fragte dich in den neunziger Jahren einmal beim Obdachlosenfrühstück: „Petrus, wie viel verdienst du eigentlich? Bestimmt dreitausend Mark." Ja, die Armen stellen viele Fragen, stellen unseren Verdienst in Frage. Wir bekommen mehr, als wir verdienen. Gott sei Dank bekommen wir nicht alles, was wir verdienen, gibst du zu bedenken.

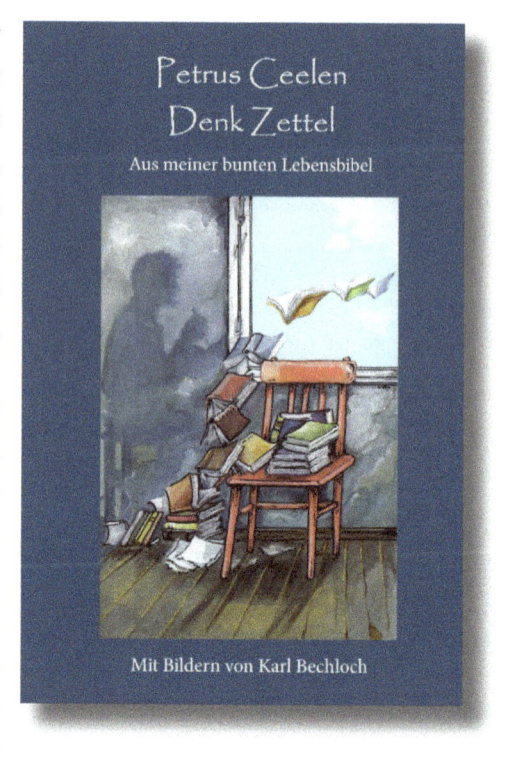

Lieber Petrus, sei du „bene diciert", gesegnet auch von mir, einem kleinen Advokaten, der meist immer noch Anklageschriften zu lesen hat.
 Herzlichst!

Fritz Philipp

Ein kleiner Advokat, ein Eierlikör. Er mag mich sehr. Und wenn ich dann so zwei, drei drin habe, spiele ich gern den advocatus diaboli: „Wenn wir nicht streiten würden und es unter uns immer nur Friede, Freude, Eierkuchen gäbe, hätten wir keine Eier mehr. Und keinen Eierlikör."

Mein Glück!

Ich haderte schon so oft in meinem Leben und fragte mich, womit ich es verdient habe, so viele Schicksalsschläge hinnehmen zu müssen. Widerliche Umstände haben mich als kleines Kind schon geprägt. Schlechte Erinnerungen an meinen leiblichen Vater haben sich tief eingebrannt. Als ich zweieinhalb Jahre war, wollte er mir den Schnuller abgewöhnen und hat ihn mit Peperoni eingerieben. Ich kann gar nicht sagen, wie ich geschrien habe und er stand daneben und hat gelacht. Manche Narben werde ich einfach nicht los. Als ich sechs war, starb meine Mutter an Krebs. Gott sei Dank fand ich bei meinen Taufpaten ein neues Zuhause. Es war auch nicht immer einfach, weil sie eine Generation älter waren und recht streng. Trotzdem war es mein Glück!

Heute schaue ich mit viel Dankbarkeit auf die Jahre bei meinen „Pflegeeltern" zurück und bin stolz darauf, dass ich ihnen im Alter und auf der letzten Strecke alles, was in meiner Kraft stand, zurückgeben konnte.

Was mir auch bei weiteren Schicksalsschlägen geholfen hat, ist vor allem der Spruch aus dem Büchlein: *Trau dem Leben – Worte, die Mut machen*:

> *Wenn du dich auflehnst gegen das Unabänderliche,*
> *verlierst du deine Zeit und vergeudest du deine Kraft.*
> *Wenn du dein Los bejahst, gewinnst du an Stärke*
> *und bekommst die Kraft, das Unerträgliche zu tragen.*

Diesen Spruch habe ich inzwischen verinnerlicht und fühle sehr oft, manchmal sogar in schwierigen Situationen, sowas wie einen „inneren Frieden", ein unbeschreibliches Gefühl.

Inzwischen habe ich gelernt, dass alles in meinem Leben einen Sinn hatte. Wenn ich jetzt zurückblicke, erkenne ich es. In manchen Situationen tue ich mich immer noch schwer, einen Sinn zu erkennen, aber mein Glaube und das Vertrauen in Gott helfen mir dabei. Auch deine Bücher, Petrus, öffnen mir immer wieder die Augen und geben mir Kraft!

Deine Sonja

Gebrochene Lebensläufe

Immer wieder stehe ich am Sarg eines Menschen. Am Fußende. Wenn ich dann bedenke, welchen Weg dieser Mensch gegangen ist, was er mit seinen Füßen alles durchgestanden hat, kann ich mich vor ihm nur verneigen. Ob Krebs, Aids, Überdosis oder Suizid, jeder überstandene Leidensweg zwingt Respekt ab.

Verwundete Engel – S.108

Lieber Petrus,
wir kennen uns schon lange, irgendwie war unsere Arbeit doch sehr ähnlich.

Lange hast Du unsere Arbeit für und mit den wohnungslosen Frauen in Stuttgart unterstützt und begleitet.

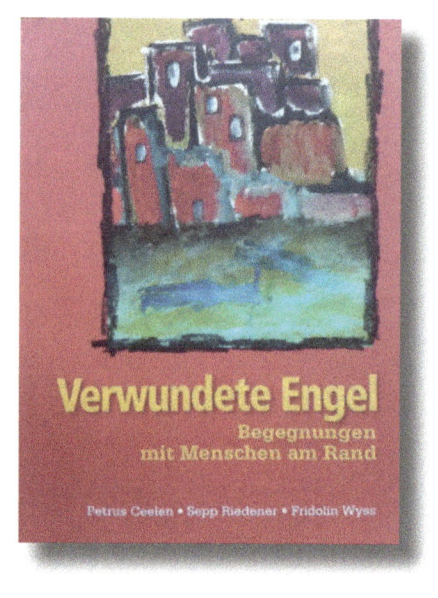

Viele der Frauen, die kürzer oder auch länger in den Anfangsjahren der Frauenpension bei uns wohnten, kannten Dich, über die Brücke, über den Strafvollzug, über Streetwork oder auch über die Substitutionsambulanz, es gab viele Möglichkeiten Dich kennenzulernen. Manche wohnten bei uns, waren aber sehr häufig in Deiner „Brücke". Du warst für viele ein Anker der Hoffnung in der oft hoffnungslosen Not, der Armut, der Sucht und der Gewalt.

Dass sie Dich kannten, trat für uns oft erst dann zu Tage, wenn es darum ging, das Ende würdevoll zu gestalten, für die Verstorbene die letzten Worte zu sprechen und sie auf dem letzten Weg zu begleiten.

Da warst Du ein wahrer Segen für uns. Du hast stets die richtigen Worte dort gefunden, wo die Wortlosigkeit zu Hause war. Du hast den Menschen gewürdigt, ihn noch mal ganz lebendig werden lassen und aufgezeigt, wie viel Mut und Tapferkeit diese gebrochenen Lebensläufe stets begleiten, wie viel Kraft es braucht, um ein Leben am Rand zu leben.

Ganz lebendig sind mir dabei über die Zeit drei Trauerfeiern geblieben.

Silke, jung und sehr krank, war an einer Überdosis gestorben. Sie hatte einen kleinen Sohn, der bei ihrer Mutter lebte. Das Leid der Mutter, der Angehörigen, ihrer Freunde, all das hast Du zusammengefügt und gehalten bei der Beerdigung in der Heimatgemeinde. Du hast sogar Trost gefunden für uns Sozialarbeiterinnen, die trotz allem Bemühen Silke nicht halten konnten.

Oder Lalja, die stets den Wunsch hatte, dass Du sie beerdigst, diesen letzten Wunsch hast Du ihr erfüllt, und hast ihren Bruder dabei unterstützt, dass sie in seiner Nähe liegen kann.

Und dann die Beerdigung eines Partners einer jungen suchtkranken Frau, die schwanger war. Du hast damals nicht die Ruhe verloren angesichts der Ausbrüche von verzweifelter Wut und Zorn der Brüder vor dem Sarg, Du hast es durchgetragen und dadurch ermöglicht, dass später alle an einem Tisch sitzen konnten.

Du warst in so vielen Situationen hilfreich, durch Deine unerschütterliche Ruhe, Deine Gabe die richtigen Worte zu finden, durch Deine Bücher, die den Frauen stets willkommen waren und nicht zuletzt durch unbürokratische Hilfe.

Du warst für uns immer ansprechbar.

Ich hatte bei Dir immer das Empfinden, dass es eine starke Kraftquelle im Hintergrund geben muss, die Dir deine Arbeit ermöglicht hat.

Wir verdanken Dir viel, wir und die Frauen, für die Du, lieber Petrus, in so vielen Jahren der sprichwörtliche Fels in der Brandung warst.

Maria Nestele
Ehemalige Leiterin der Frauenpension Stuttgart

Ich kann schreiben

„Armenhof", so hieß die Siedlung, in der ich als Kind gewohnt habe. Der Name ist Programm. Wir waren Arm und meine Eltern konnten nicht Lesen und schreiben.[*] Und trotzdem sind sie irgendwie klar gekommen. So wie es die meisten Lese und schreibunkundigen Menschen tun. Mir erschienen diese Menschen sogar oft schlauer und gewitzter, als die Menschen die das ABC konnten.

Mit 10 Jahren, weiterhin Lese und schreibunkundig bin ich dann in ein Kinderheim gekommen. Es sollte nicht das letzte sein. Weil es mir dort nicht gefiel bin ich abgehauen. Um nach Hause zu kommen bin ich zum Bahnhof gegangen, um dort nach Möglichkeit mit dem Zug zu meinen Eltern zu fahren. Keine gute Idee, denn ich wurde schnell gesucht und gefunden. Was ich nicht wollte, aber andere die größer waren als ich haben das anders gesehen. Das abhauen und geschnappt werden wurde zu meiner Gewohnheit und ich kam so innerhalb einer kurzen Zeit von einem zum anderen Heim. Wenn ich dann mal länger in einem Heim war musste ich auch in die Schule. Wirklich gelernt habe ich da nichts.

Auf der Straße habe ich mich dann von einem Ort zum andern durchgefragt. Mit 12 Jahren habe ich verstanden das wenn ich Lesen kann, ich die Ortsschilder und auch Landkarten lesen kann, und mich so sicherer fortbewegen konnte, um eben nicht so schnell geschnappt zu werden. Die Karten bzw. Atlanten, habe ich mir in Autos „besorgt". Damals

---

[*] Aus Respekt vor der Leistung des ehemaligen Analphabeten wurde seine Schreibweise beibehalten.

hatten die meisten Autobesitzer einen Atlas im Wagen. Wenn in dem einen keiner war dann halt im nächsten. So ging mein Leben, bis ich 14 Jahre alt war weiter. Heime, Straftaten und festnahmen. Mit 14 Jahren war ich dann im Strafmündigen alter und es hat nur 3 Monate gedauert bis ich das erste mal ins Gefängnis kam. Lesen konnte ich mittlerweile ganz gut. Mit dem schreiben hatte ich noch Schwierigkeiten. Zeit zum üben hatte ich ja genug und ich habe die Zeit genutzt. Mein Bildungshunger wurde immer größer und mit der Zeit habe ich mir ein gutes Allgemeinwissen angelesen. Das schreiben gelang mir mittlerweile so gut das ich anderen beim Formulieren und schreiben an Behörden helfen konnte. Das hat mein ansehen innerhalb der Subkultur erheblich verbessert. Es gibt zwei Dinge die im Gefängnis ansehen verschaffen, Gewalt und Bildung. Wobei juristische Kenntnisse bevorzugt werden. Aus Verständlichen Gründen. Jahrzehnte später habe ich mehrfach Literaturpreise für Inhaftierte erhalten und ich konnte allerlei Beiträge hier und da platzieren. Lesen und schreiben gewann an Bedeutung in meinem Leben.

Petrus wundert sich in seinem Vorwort welche Bedeutung geschriebene Worte haben. Wenn wir uns diese erst mal angeeignet haben erschließt es uns die Möglichkeit im Wahrsten Sinne der Worte Luftschlösser zu Bauen. Wir engen uns selbst ein wenn wir unseren Sprachschatz klein halten. Anreichern können wir ihn gerade im Gefängnis, weil wir dort „unendlich" viel Zeit haben. Das Gefängnis ist nun mal teil meines Lebens und die Betrachtungen erfolgen aus meinem Blickwinkel. Diesen Schatz anzureichern ist nur möglich mit Lesen, Schreiben, Radio und Fernsehen. Wobei ich beim Fernsehen skeptisch bin. Fernsehen hat für mich generell ein niedriges Sprachniveau. Es sei denn das es sich um die Kultur Sender oder das Öffentlich rechtliche handelt.

Die meisten, glaube ich, machen sich über das Lesen und schreiben gar nicht so viele Gedanken, warum auch? Aber stell dir mal vor du bist in einem geschlossenen Raum und das große Teile deines Lebens. An einem Ort wo du zu 100 Prozent von anderen Abhängig bist. Wo du keine Verbindung zu den Menschen hast die dir wichtig sind. Nach denen du dich sehnst, die du nicht verlieren willst. Wir wissen ja das wenn Kontakte „einschlafen", sie irgendwann „tot" sind. Man ist und wird sich Fremd. Selbst wenn es sich um nahe Angehörige handelt. Die Kontaktmöglichkeiten sind begrenzt. Besuch, telefon und Schreiben. Der Besuch hängt von den Möglichkeiten des Besuchers ab und das Telefonieren vom Geld und den Möglichkeiten die dir die die Anstalt anbietet. In der Sicherungsverwahrung* ist es anders. Dort sind die meisten Kontakte aber schon in der Strafhaft gestorben. Bleibt das schreiben. Der wirkliche Lebensfaden nach draußen. Aber im schreiben steckt noch mehr. Es kann dir Würde, Achtung und Respekt verschaffen. Wer schreiben kann der kann sich Wehren. Nicht umsonst gibt es Worte wie „Schreiberling", oder Querulant für Gefangene oder Verwahrte die sich Schriftlich gegen die Vollzugsbehörde wehren. Menschen die sich Ausdrücken können, schriftlich oder Sprachlich gelten im Gefängnis als „Gefährlich". Als ich mal von einer Station zu einer anderen Verlegt wurde hat man den dort zuständigen gesagt das man bei mir aufpassen müsse, „Der schreibt alles auf." Ob das stimmte mag dahingestellt sein. Alle Veränderungen, und ich glaube das kann man schon so sagen, sind im Gefängnis durch die Schreiberei erfolgt.

Auf Privater ebene können schriftliche Worte aber auch sehr tröstlich sein, wie Petrus Ceelen Erfahren hat. Gedichte, Geschichten oder Berichte können hier und da sehr hilfreich sein. Hier ist die Wirkkraft der Bibel nicht zu unterschätzen.

Und dabei spielt es meiner Ansicht nach keine Rolle ob der Leser ein Gläubiger Mensch ist oder nicht. Ich glaube das wenn ein Mensch einen guten kern hat, egal unter welcher Fahne, wird Gott das erkennen. Es ist immer wieder für mich erstaunlich das die Worte in der Bibel, obwohl sie so alt sind immer noch zeitgemäß sind. Mit seinen *Denkzetteln* übersetzt Petrus Bibelzitate ins Leben, hier und heute.

Für mich ist es Mittlerweile unvorstellbar ohne das schriftliche Wort leben zu können. Mittlerweile muss auch ich eine Brille tragen und die schlimmste Vorstellung für mich nicht mehr Lesen und schreiben zu können. Es ist für mich hier im Gefängnis Lebensnotwendig. Es ist die Verbindung nach draußen. Und hier in der Anstalt drinnen geht nichts ohne schreiben. Anliegen und Wünsche erfolgen nur per Antrag. Und selbst ein Entlassung Gesuch muss immer schriftlich eingereicht werden. Ich werde oft gebeten zu Helfen.

Petrus, das ich mit dir bis an diese Stelle reden konnte ist nicht selbstverständlich. Leider gibt es immer noch eine Million Menschen in Deutschland die Lese und Schreibunkundig sind. Ich bin gut und sicher aufgehoben. Wer an mich herantreten will muss des Schreibens kundig sein. Wie hieß noch mal ein Slogan der Post? „Schreib mal wieder". In diesem Sinne, auf ein Wort, ein Brief oder eine Karte.

Helmut P., Sicherungsverwahrung JVA Diez[*]

---

[*] In der Sicherungsverwahrung werden Menschen, die ihre Haftstrafe beendet haben, aber weiterhin als gefährlich gelten, zum Schutz der Gesellschaft präventiv weggesperrt.

Geber wie Beschenkter

Lieber Petrus, wir kennen uns ziemlich genau 50 Jahre. An Deinem Lebensweg gefällt mir Dein von Dir gewählter Weg in der Seelsorge. Es sind die Menschen am Rande unserer Gesellschaft, für die Du da sein wolltest: in Stuttgart waren es Aidskranke, auf dem Hohenasperg die Strafgefangenen und bis heute immer wieder und immer noch der Umgang mit Trauernden nach dem Tod von Angehörigen. Auch die Gedenkfeier für Deine Christiane hast Du erst vor wenigen Wochen selbst gestaltet.

Dein Auge für Menschen am Rande, Dein Ohr sie zu hören, und sie damit ernst zu nehmen, hat wohl vielen dieser Menschen geholfen, den Glauben an sich zu gewinnen. Der evangelische Theologe Eberhard Jüngel meint: „Vor der Gefahr, sich selbst zu verlieren, bleibt der bewahrt, der einen anderen und letztlich den Anderen findet." Das Schöne daran ist die Lebenserfahrung, dass beide – Geber wie Beschenkter – dabei gewinnen.

Als wir uns kennengelernt haben, warst Du noch der Paulus, irgendwann warst Du dann abwechselnd mal der Petrus, mal der Paulus, bis Du „nur noch" der Petrus warst.

Herzlich
Josef

Ich habe in meinem Leben viel mehr zurückbekommen als ich gegeben habe. Vor allem haben mich die Armen mit leeren Händen reich beschenkt.

Sein Licht leuchten lassen

*Wir Menschen sind wie Kerzen,
kämpfen gegen das Dunkel an.
Unser Licht brennt oft ganz ruhig,
dann wieder flackert es plötzlich auf.
Manche Flamme erlischt schlagartig,
andere brennen ganz langsam aus.
Viele sind schon längst erloschen,
aber ihr Licht leuchtet weiter in unseren Herzen.*

Auf einen Espresso – 2. Februar

Das schreibst du zu meinem Geburtstag. Das Licht von Mariä Lichtmess leuchtet auch noch neun Tage später am 11. Februar, zu deinem Geburtstag.

Deinen Doppelnamen verdankst du deinem Vater, der nach seiner Kneipentour die Apostel Petrus und Paulus auf dem Rathaus wohl verwechselt hat.

Ich habe drei Vornamen: Ingrid, Johanna, Maria. Ingrid war einer schwedischen Geschichte entnommen, die meine Mutter damals gelesen hatte. Johanna ist meine Taufpatin, die Schwester meines Vaters in Würzburg, die kriegsbedingt nicht zur Taufe nach Augsburg kommen konnte. Deshalb hat meine Tante Marie mich bei der Taufe gehalten.

Ernst und ich haben unsere Tochter Lucia getauft. An ihrem Namenstag, dem 13. Dezember, schreibst du im *Espresso*:

*Mensch, du brauchst dein Licht
nicht unter den Scheffel zu stellen.*

*Und bist du auch kein Leuchtturm,
so doch für manche ein Lichtblick.*

*Mensch, du brauchst keine Lucia zu sein
mit brennenden Kerzen auf dem Kopf.*

*Doch auch du kannst dein Licht
in deinem Leben aufleuchten lassen.*

Petrus–Paul, ich lese immer wieder nach, was du bei der Beerdigung von Ernst gesagt hast. Du hast nicht über ihn geredet, sondern zu ihm gesprochen, ihn direkt angesprochen. „Ernst, du warst ein politischer Christ. Du hast deinen Glauben gelebt, warst glaubwürdig. Alle Achtung, Hochachtung für den Weg, den du konsequent gegangen bist – ohne Rücksicht auf materielle Verluste. Du bist dir selbst treu geblieben. Die Arbeiterpriester, die hatten es dir angetan. Gleich nach deinem Theologiestudium hast du den Talar gegen den Blaumann beim Daimler in Wörth getauscht. Du bist zu Opel nach Rüsselsheim gegangen. Dort warst du erst in der Produktion tätig, dann Vertrauensperson im Presswerk und später dann freigestellter Betriebsrat.

Deine Art Mensch zu sein hat uns gutgetan. Du warst ja der Ernst, du hast jeden ernst genommen und mit jedem mitgefühlt. In deinem Sarg liegt die Wurzel, die ihr in Norwegen gefunden habt. Und die aussieht wie Jesus am Kreuz. Jesus hat keine anderen Hände und Füße als die unseren, um seiner Liebe Hand und Fuß zu geben. Du warst sein Handlanger, hast die Güte Gottes weitergegeben. In der Tat."

Wie du die Trauerfeier gestaltet hast, war wirklich tröstlich. Deine so tiefgehende und persönliche Ansprache hat uns so gutgetan und uns geholfen, Ernst loszulassen. Und du hast bei aller Trauer auch immer noch deinen Humor. Du hast erzählt, wie der Theologiestudent Ernst in seiner Stammkneipe Medizinern einen Vortrag über Wandernieren gehalten und die These vertreten habe, dass Menschen mit einer Wanderniere verstärkt den Drang verspürten, zu wandern. Auch Jesus habe eine Wanderniere gehabt, weil er ständig von einem Ort zum anderen gezogen sei. Siehe Lk 13,33. Seitdem war Ernst der Doktor.

Petrus–Paul, du und der Doktor wart oft auch zusammen unterwegs und habt eure Nieren kräftig durchgespült: in Speyer, Mainz, Berlin, Glurns. In Südtirol haben wir mit unseren Familien mehrere Jahre gemeinsam Urlaub gemacht. Wir standen schon vor so manchem Berg und dachten, da kommen wir nie hinauf. Erst als wir oben waren, sahen wir den Weg.

Ingrid

Manche Menschen wissen nicht

Manche Menschen wissen nicht,
wie wichtig es ist, dass sie einfach da sind.

Manche Menschen wissen nicht,
wie gut es tut, sie nur zu sehen.

Manche Menschen wissen nicht,
wie tröstlich ihr gütiges Lächeln ist.

Manche Menschen wissen nicht,
wie wohltuend ihre Nähe ist.

Manche Menschen wissen nicht,
wie viel ärmer wir ohne sie wären.

Manche Menschen wissen nicht,
dass sie ein Geschenk des Himmels sind.

Sie wüssten es,
würden wir es ihnen sagen.

Lieber Petrus,

meiner Erinnerung nach ist das der Text, der mich auf einer Karte „angesprungen" hat, so dass ich diese Karte sofort mitnehmen musste, und wo ich dann Deinen Namen zum ersten Mal gelesen habe.

Dieser Text ging mir damals – und seither – immer wieder unendlich nahe. Verbunden mit der Frage, ja, warum sagen wir es den Mitmenschen denn nicht, was sie uns bedeuten und wie wertvoll sie unser Leben machen und bereichern – auch dann, wenn es vielleicht die Reibungsflächen sind, die den Alltag und die Begegnungen mit ihnen ausmachen. Mit diesem Text kam der Anstoß es umzusetzen und es immer wieder zum Ausdruck zu bringen, denn, in der Pflege und Hospizarbeit tätig seiend, war mir klar, wenn ich es nicht sage, dann kann es sein, dass es keine Gelegenheit mehr gibt, es ihnen zu sagen.

Und so haben wir uns dann auch 2001 persönlich kennen gelernt, als Du uns (der Sitzwachengruppe und mir auf der Karlshöhe) einen Studientag gehalten hast. Ich gebe zu, ich weiß das genaue Thema nicht mehr, jedoch weiß ich, dass dieser Tag und der gemeinsame Austausch, Deine Erfahrungen, an denen Du uns Anteil nehmen ließest, tiefe Spuren in mir hinterlassen hat.

Du hast es Dir nie einfach gemacht. Du hast Dir Tätigkeitsfelder ausgesucht, mit und bei Menschen, die am sogenannten „Rand unserer Gesellschaft" – wo der auch immer sein mag – leben. Deine ganzen Texte, Bücher und Predigten, wenn Du sie dann evtl. auch beerdigt hast (und ich dankenswerterweise immer wieder an Deinen Ansprachen und Predigten Anteil nehmen durfte), sprechen für mich von Deiner Liebe zu den Menschen, von Deiner Achtung vor ihnen, egal welche Biografie Euch zusammengebracht hat, und dass Du sie so sehr wertschätzt, weil sie immer auch der Spiegel für Dich, für uns alle sind. Und darin habe ich eine große Gemeinsamkeit zwischen Dir und mir entdecken dürfen, denn die sterbenden Menschen, denen ich begegne, sind ebenfalls am Rand – am Rand, an der Grenze ihres Lebens angekommen, zwar meist in warmen und schönen Zimmern, doch auch sie immer in einem besonderen Prozess ihres

Lebens und eben nicht mehr „mitten drin". Ihnen zu sagen, was ich von ihnen lernen darf, ihnen sagen, welche Ehre es für mich ist, dass ich zu ihnen kommen darf, ihnen zu sagen, welch ein Vertrauensvorschuss es ihrerseits ist, dass sie die Türe aufmachen und ich eintreten darf, das wird mit immer wieder bewusst, und dies auch beim Gehen als Dank zum Ausdruck zu bringen, das sagt mir Dein Text, dieser Text und noch viele, viele andere von Dir.

So sind mit viele Deiner Texte und Gedanken unendlich wertvoll geworden und begleiten mich ganz regelmäßig. Sie stärken mich, sie bringen mich zum Nachdenken (manchmal auch zum Schmunzeln), ja, so segnen sie mich und lassen mich weitergehen, zu den Menschen und Familien, die uns/mich rufen und brauchen.

Danke für jede Begegnung mit Dir, ob lesender Art Deiner Texte und Worte, ob hörender Art in Lesungen von Dir, ob in der direkten Begegnung mit Dir, die mir alle so wertvoll und in tiefer Erinnerung sind.

DANKE, dass es Dich gibt und DANKE, dass wir uns begegnen durften und dürfen.

Herzlichst,
Sabine

Danke, dass es dich gibt ...
Niemand verdankt sich selbst.
Danken wir vielmehr dem Himmel,
dass er uns das Leben gegeben hat.

So leb dein Leben

Ein Buch, das ich besonders mag: *Jeden Tag neu – Anstöße zum Aufstehen* (1999). Mit Witz und Augenzwinkern werden darin Tag für Tag in wenigen Worten Dinge ins Wort gebracht, die Bedenkenswertes auf den Punkt bringen. Da steht zum Beispiel an meinem Geburtstag:

Kein Mensch
ist so schlecht
wie sein Ruf,
keiner so gut
wie sein Nachruf.

Durch zu viel Weihrauch
werden selbst Heilige rußig.

Bei diesen Zeilen überlege ich mir, wie es um meinen Ruf steht. Und ich muss dabei ein bisschen lachen. Ich bin mir sicher, dass ich „meinen Ruf" habe. Möglicherweise ist mein Ruf unterschiedlich – je nachdem, wer etwas über mich sagt und über mich hört. Was wird über mich geredet und erzählt? Weiß ich es? Will ich es wissen? Ich weiß es nicht genau.

Und dann mein Nachruf. Was wünsche ich mir für meinen Nachruf?

Wenn ich auf mich selber einen Nachruf halten sollte, dann wäre in dem Liedtext „So leb dein Leben" (gesungen von Mary Roos; deutsche Version von „My way" von Frank Sinatra) alles gesagt. Wenn es auch kein Kirchenlied ist, so würde ich mich doch freuen, wenn es an irgendeiner Stelle während meiner Beerdigung vorkommt:

*Mein Freund, einmal da
fällt doch auch für dich
der letzte Vorhang.
Du gehst von dieser Welt
und dann kommst du
an jenem Tor an.
Du weißt dein
Lebensweg war
manchmal krumm
und manchmal eben.
Dass du dann
grad stehn kannst,
so leb dein Leben.*

Und auch die Gedanken zum 10. September sprechen mir aus dem Herzen.

*Ach, wäre ich damals doch …
Hätte ich nur nicht …
Könnte ich noch einmal …
Wenn du zurückgräbst,
schaufelst du
dein eigenes Grab.*

*Vergangenem nachtrauern heißt,
Gegenwärtiges versäumen.*

Griechische Weisheit

Wenn ich zurückblicke, dann soll Dankbarkeit das beherrschende Gefühl sein. „Was wäre, wenn ich mich damals anders entschieden hätte?" Diese Frage ist nicht meine Frage. Sie hilft meines Erachtens auch nicht weiter. Denn ich habe mich nicht anders entschieden. Ich habe mich entschieden, wie ich mich entschieden habe. Und das ist die Basis, von der ich ausgehen muss. Hier haben wir nur ein Leben. Das gilt es zu leben und im besten Sinn etwas daraus zu machen und nicht sein eigenes Grab zu schaufeln.

Mich bringen die Gedanken zum Nachdenken, auch zur kritischen Selbstschau.

Und ich finde in den Impulsen auch Tröstliches, das mir guttut. Danke Petrus!

Jens-Uwe Schwab, Freiberg am Neckar

Ute

Bei einer anonymen Bestattung gibt es für die Verstorbenen keine Trauerfeier, keine Orgel, kein Glockengeläut. Sang- und klanglos verschwinden sie. Keine Tafel, kein Kreuz, kein Schild, kein Name erinnert an die Anonymen. Sie sind buchstäblich ins Nichts versunken. So als ob es diese Menschen nie gegeben hätte. Dabei trugen sie alle einen Vornamen und Familiennamen. Jede, jeder von ihnen war ein einmaliger, einzigartiger Mensch, unverwechselbar.

Den Abschied buchstabieren, S. 89

Lieber Petrus,

ich will Dir in dieser Form meinen Dank ausdrücken, denn Du hast mich sensibel gemacht auch für die Menschen zu sorgen, die niemanden mehr haben, der für sie sorgt, wenn sie verstorben sind. So konnte ich Ute mit Hilfe lieber Menschen davor bewahren, anonym, fern ihrer Heimat beerdigt zu werden. Einerseits ging das nur durch die engagierte Unterstützung der Klinikseelsorgerin, einer Sozialarbeiterin in Marburg, und eines rührigen Beerdigungsinstituts.

Andererseits setzte sich die Mitarbeiterin des Standesamtes Diez sehr für sie ein, sowie die überaus liebenswerte Klinikseelsorgerin vor Ort mit ihrer Gemeinde. Sie spendeten sogar den Stein. So konnten wir die Urne an ihrem Lebensmittelpunkt mit einigen Kolleginnen, Freunden und Bekannten im kleinen Kreis beerdigen.

Für die Beerdigung von Ute habe ich diesen Text aus Markus 12, 38–44[*] ausgesucht. Obwohl ich sehr wenig von ihr, von ihrem Leben weiß, habe ich das Gefühl, er passt.

Ute war eine liebe und überaus hilfsbereite Person, die als Kollegin in der „Putzkolonne" eine sehr große Wertschätzung hatte. Das Wort „nein", wenn es um eine Änderung des Dienstes ging, gab es für sie nicht. Im Zweifel war sie da. Obwohl sie keinen Führerschein hatte, besuchte sie ihre Freundin, die einen Autounfall erlitten hatte, mit sehr großer Regelmäßigkeit im Krankenhaus in Koblenz. Sie hatte nicht nur ein großes Herz für die Menschen, die sie brauchten. Sie war da auch für ihre Tiere, die beiden Katzen, den Hund und die Fische im Aquarium. Ihr Hund, den Ute 14 Jahre bei sich hatte, war von einer älteren Dame. Sie konnte ihn nicht mehr pflegen. Und Ute kümmerte sich einfach und selbstverständlich um ihn. Sie war eine Frau der Tat.

---

[*] Als Jesus einmal dem Opferkasten gegenübersaß, sah er zu, wie die Leute Geld in den Kasten warfen. Viele Reiche kamen und gaben viel. Da kam auch eine arme Witwe und warf zwei kleine Münzen hinein.
Er rief seine Jünger zu sich und sagte: Amen, ich sage euch: Diese arme Witwe hat mehr in den Opferkasten hineingeworfen als alle andern. Denn sie alle haben nur etwas von ihrem Überfluss hergegeben; diese Frau aber, die kaum das Nötigste zum Leben hat, sie hat alles gegeben, was sie besaß, ihren ganzen Lebensunterhalt.

Sie hatte einige Schicksalsschläge zu bewältigen. So war es 2006 als ihre einzige Tochter fast erwachsen an Krebs gestorben ist. 2019 starb ihr Mann Rudolf unter tragischen Umständen. Im Sommer des Jahres 2021 verlor sie ihre Mutter.
Sie war viel allein, allein gelassen, traurig, einsam. Die Frage stellt sich, wie sie damit zurechtgekommen ist. Wie hat sie das alles geschafft? Und es lässt staunen, wie wenig sie zum Leben brauchte. Für sie galt, erst zu sparen und keine Schulden zu machen. Lieber trug sie als Ergänzung zu ihrer Putzstelle noch Zeitungen aus. So konnte sie ihr Wohnzimmer neu und schön einrichten, kaufte sich eine neue Kühl-Gefrier-Kombination. Sie hoffte, dies alles genießen zu können, wie die kurze Erholungszeit bei ihrer Freundin im Rheingau: Ein Lichtblick waren für sie die wenigen Tage am Rhein. Diese kurzen Ausflüge machten sie glücklich, ließen sie auftanken.

Am 3. Oktober, an einem Sonntag, war sie auf dem Heimweg von ihrer Putztätigkeit in der JVA. Sie war auf dem Heimweg mit dem Rad in den Kreisel gefahren. Dabei kam sie ins Schlingern. Es kam zur Kollision mit einem PKW. Über Gießen wurde sie schließlich nach Marburg in die Klinik gebracht, sie wurde einer Notoperation unterzogen, lag im künstlichen Koma. Es war alles vergeblich. Am 7. Oktober – die unterstützenden Geräte sollten im Laufe des Nachmittags abgestellt werden, weil sie hirntot war – starb sie davor um ca. 13.05 Uhr.

Sie hat es sich nicht nehmen lassen, sie hat immer Zeit für andere gehabt. Sie war ein ganz feiner Mensch und hat uns verlassen!

Wie ein Zauber über der Spende der Frau im Evangelium liegt und wie sie alles ‚aus ihrer Hand gibt', wie sie uns zeigt, wie „ungeteilte Gottesliebe" aussieht, sie, die fast von der Hand in den Mund gelebt hat, darauf vertrauend, dass es gut geht, sie hat instinktiv Jesu Botschaft verstanden. Sie machte sich zum Bild der Güte und Menschenfreundlichkeit Gottes. Sie hat sich fast so verhalten wie Gott, der alles gibt.

So hingebungsvoll wie die Frau im Tempel hat für mich Ute gelebt und gehandelt und sich für uns, für die Menschen um sie herum, verschenkt. Sie hat uns ihre Zeit geschenkt. Sie hat gegeben, was sie konnte. Es ist auf dieser Erde dunkel um sie geworden. Für irdische Seligkeiten, für irdisches Glück, für irdische Hoffnung ist jetzt alles zu spät!

Ute, ruhe in Frieden! – Amen.

In Verbundenheit

Manfred Jarmer

Die letzte Zigarette

Im Jugendvollzug sind die Großeltern wichtige Bezugspersonen. Sie genießen beim „verlorenen Sohn" der Familie große Achtung. Oma oder Opa haben oft die Elternrolle übernommen. Durch ihre Lebenserfahrungen nehmen sie die Enkel wie sie sind, ob straffällig oder nicht. „Mein Großvater ist gestorben", berichtet der 17-jährige Alfred. „Ich habe ihn abgöttisch geliebt. Er hat mit mir immer eine Zigarette geraucht, auch mal gemosert, aber er war herzensgut", sagt Alfred mit leuchtenden Augen.

Jetzt steht er in der Anstaltskirche am Altar und zündet eine Kerze für seinen Großvater an. Alfred kann nicht an der Beerdigung teilnehmen. Es wird ihm keine „begleitete Ausführung" genehmigt. Zu groß ist die Angst der Bediensteten, dass sie eine unsichere Lage in der Trauergemeinde vorfinden. Und doch ist es wichtig, dass sich der Enkel verabschieden kann. Er möchte begreifen, dass sein Großvater tot ist. Die Planung, sich noch in der Trauerhalle beim Bestattungsinstitut von Opa verabschieden zu können, scheitert. Mit viel Überzeugungsarbeit und seelsorgerlicher Unterstützung kann Alfred zwei Tage später am geschlossenen Grab Abschied nehmen. „Nehmen Sie zwei Zigaretten mit", sagt Alfred dem Seelsorger. „Ich will mit Opa an seinem Grab eine rauchen …", sagt er.

Mit Hand- und Fußfesseln in Begleitung von zwei bewaffneten Bediensteten geht es mit dem Gefangentransportwagen (GTW) zum Friedhof. „Was der Vollzug nicht alles möglich macht", sagt ein Bediensteter. Der 17-jährige Alfred ist aufgrund von Autodiebstahl und Fahren ohne Fahrerlaubnis verurteilt worden. Die Mutter des Minderjährigen kann nicht nachvollziehen, warum „ihr Junge" nicht bei der Beerdigung des Großvaters teilnehmen darf. „Immerhin kann er jetzt Abschied nehmen am Grab", sagt sie schluchzend. Abschied nehmen am Grab, das vollzieht Alfred mit wenigen Familienangehörigen am Grab. Er spricht den Großvater an: „Warum habe ich nur nicht auf Dich gehört", sagt er und die Tränen rollen ihm übers Gesicht.

Die Familienangehörigen zücken eine Zigarettenschachtel heraus. „Eine richtige Zigarette mit Filter ...", die Augen den Jugendlichen schöpfen Hoffnung. Fragend, ob der Gefängnisseelsorger auch eine will, zünden sie sich die Zigaretten an. Eine Zigarette ist für den Großvater. Diese wird angezündet und in die Erde gesteckt. Schweigend rauchen sie in dieser Gemeinschaft. Sie erinnern sich am Grab an die vielen Geschichten um den Großvater. Ein wahrlich tiefes Ritual. „Tschüss Adi", sagt Enkel Alfred anschließend mit dem Blick auf das Grab gerichtet. Mit den Fußfesseln geht's in kleinen Schritten zu den wartenden Beamten am Gefangenentransportwagen. Die Fahrt mit dem blau-gestreiften Bully führt zurück in die Haftanstalt.

Petrus Ceelen hat als Begleiter viele Beerdigungen gestaltet. Er berichtet von unterschiedlichen Ritualen von Menschen am Grab.

Einer wirft eine Flasche Bier auf Wolfes Sarg. Ein anderer geht in die Hocke und zerbröselt ganz langsam einen Joint. Zu guter Letzt gießt sein Kumpel Max eine halbe Flasche Wodka ins Grab, trinkt dann den Rest: „Wolfe, ich habe dir ja versprochen, den letzten Schluck mit dir zu teilen."

Am Rand – Mitten unter uns, S. 95

**Am Rand –
mitten unter uns**

Petrus Ceelen
Mein Lebensbuch

Menschen wünschen sich persönliche Ansprachen und keine festgefahrenen Zeremonien, die keiner versteht. Petrus versteht die unaussprechlichen Situationen ins Wort zu bringen. Sein Vorbild macht mir Mut für meine Arbeit und mein Leben. Danke, Petrus.

Michael King, Seelsorger im Jugendvollzug,
JVA Herford

Dich wieder sehen

Mutter, wenn ich wüsste, dass ich dich im Himmel wiedersehe, könnte ich mein Leben leichter loslassen und hinübergehen. Ja, wenn ich das nur wüsste ... Du weißt, Petrus, so einfach ist das nicht mit dem Glauben.

Denk Zettel, S.18

Ja, Petrus, so geht es mir ein halbes Jahr nach dem Tod meines Mannes Peter auch. Wenn ich das nur wüsste ... Dann könnte ich auch besser mit dem Verlust leben. Ich finde aber keine Bibelstelle, in der uns Jesus eindeutig verspricht, dass wir unsere Lieben wiedersehen. Nur hat er zu dem „guten" Schächer gesagt: „Heute noch wirst du mit mir im Paradies sein." (Lukas 23,43) Aber mir fehlt die klare Zusage, dass es dieses Wiedersehen tatsächlich gibt. Wenn ich das nur wüsste ... Dann hätte ich es nicht so schwer und könnte den Schmerz eher aushalten. Die Vor-Freude auf unser Wiedersehen würde mir die Angst vor dem Sterben weitgehend nehmen.

Anne R.

Wie sehr auch ich mich danach sehne, meine Choupette einmal wiederzusehen, sagt das Gedicht von Hölderlin. Ich würde Jahrtausende lang die Sterne durchwandern, in alle Formen mich kleiden, in allen Sprachen des Lebens, um dir einmal zu begegnen. Aber ich denke, was sich gleich ist, findet sich bald.

Hoffentlich nicht allzu bald.

Petrus

Ver-rückt

Mitten im kalten Winter war es spiegelglatt. Und doch wollte die Tochter vor der langen Fahrt zur Beerdigung ihres Vaters noch schnell ein Leberkäse-Brötchen kaufen, um es ihm mit auf die große Reise zu geben. Es war aber so glatt, dass ihr Mann drei verschiedene Routen ausprobieren musste, um weiter zu kommen. Und Hunger hatte er inzwischen auch, so dass er am liebsten selbst das Leberkäse-Brötchen gegessen hätte. Doch seine Frau blieb hart. Beide waren total genervt, als sie kurz vor der Trauerfeier dort ankamen. Der Sarg war bereits geschlossen, aber die Tochter bestand energisch darauf, dass er wieder geöffnet wurde. Denn sie wollte ihren Vater noch einmal sehen und ihm sein geliebtes Leberkäse-Brötchen mitgeben – die Wegzehrung.

Halt die Ohren Steif, S. 120

„Hannes, du bist doch mein bester Freund und du weißt, wie sehr ich Leberkäse-Weckle mag. Versprichst du mir, bei meiner Beerdigung ein Leberkäse-Weckle ins Grab zu werfen?" – „Du weißt doch Michel, dass ich dir nichts abschlagen kann", antwortete Hannes. Und so hielt er Wort und warf Hannes sein heiß geliebtes Leberkäse-Weckle ins Grab. „Was soll das?", fragte ihn die Frau neben ihm mit ein paar Blümchen in der Hand. „Sie glauben doch nicht, dass Michel den Leberkäse noch isst?" – „Und glauben Sie denn, dass die Blumen, die Sie ihm ins Grab werfen, wieder blühen?!"

Ein Friedhofsaufseher

Fridolin Stier, der Tübinger Alttestamentler schrieb nach dem Unfalltod seiner Tochter in seinen tagebuchähnlichen Aufzeichnungen *Vielleicht ist irgendwo Tag*: „ich habe ihr gestern drei Äpfel gebracht, schöne am Hang der Achalm gereifte Goldparmänen. Auf ihren Rasen habe ich sie gelegt, unter das schmiedeiserne Kreuz, versteckt hinter Blumen vor den „Elstern" mit ihren langen Fingern ... Äpfel aufs Grab. Mögen sie es rührend finden, die lieben Leute, es schert mich nicht. Und meinen Wunsch, sie möchte sie sehen, sich ihrer erfreuen, mögen die Realisten, die sich für die Wissenden halten, für verrückt erklären – nun, das ist es ja auch; das weiß ich so gut wie sie."

Notabene – Wohlgemerkt: Ich gehöre auch nicht zu den Realisten. Auf meinem Grab wird stehen: Petrus Ceelen – Realitätsverweigerer ... Wie der Text dann weitergeht, seht ihr erst, wenn ich stilvoll den Tisch decke für die Maden.

Der letzte Umzug

Die Rentnerin Rosemarie ist in den Wohnort ihres Sohnes gezogen, gleich neben dem Friedhof. Dort geht sie jeden Nachmittag hin, schaut die Gräber an, liest die Namen, die Jahreszahlen. Ein Gruß genügt oft schon, um mit Angehörigen ins Gespräch zu kommen. So lernt Rosemarie nach und nach viele Leute im Ort kennen und fühlt sich bald nicht mehr fremd. Inzwischen liegen einige Bekannte von ihr selbst auf dem Friedhof. Aber Rosemarie spricht immer noch mit ihnen. Regelmäßig schaut sie auch bei ihrem früheren Nachbarn vorbei. Er hatte auf seiner Todesanzeige geschrieben: Ich bin umgezogen. Ich wohne jetzt auf der anderen Seite der Friedhofsmauer. Urnengrab Nr. 173. Über Besuche freue ich mich – noch mehr als vor dem Umzug.

Halt die Ohren steif – S. 117

Petrus, wenn du mich beerdigst, möchte ich, dass du das vom letzten Umzug vorliest.

Rosemarie Faller, Friedhofstraße, Merklingen/Weil der Stadt

Liebe Rosemarie. Ich kann dir deinen Wunsch nur erfüllen, wenn du vor mir umziehst. Möchtest du das wirklich?
 Neulich fragte mich ein Mann nach einer Trauerfeier, ob ich ihn auch beerdigen würde. Ich sagte ihm Ja, wenn er mir den Gefallen tut, vor mir zu gehen. Seitdem schaut er mich nicht mehr an.

Friedhofsgeschichten

Im rosa samtigen Einband kommen sie daher, die 99 Friedhofsgeschichten mit dem Titel *Halt die Ohren steif*. Das muss man sich erst einmal trauen, ein Buch zu machen aus Geschichten rund um das Thema „Bestattung", oft gleichzeitig ernst und zum Schmunzeln, jedoch immer zutiefst menschlich. Ich liebte es von Anfang an, schon allein wegen des samtig weichen Einbands!

Friedhöfe erzählen Geschichten, Geschichten über die Verstorbenen und über die Lebenden.

Mein fast 90jähriger Vater starb plötzlich und unerwartet. Ein Sturz von der Treppe löste eine Hirnblutung aus, an der er Stunden nach dem Sturz auf der Intensivstation verstarb. Alles war genau so, wie weder er noch wir es wollten. Es war auch nicht geplant, dass Petrus seine Trauerfeier halten sollte. Es war ein Glücksfall. Dass du Petrus gerade im Lande warst, gerade zuhause warst, direkt das Telefon abnahmst und gleich zusagtest.

Ernst war in unserem Wohnzimmer auf dem Sofa aufgebahrt und die ganze Familie saß zusammen mit Petrus im Halbkreis um ihn herum und wir erzählten aus seinem Leben. Es war wichtig für uns, ihn noch für diese drei Tage vom

Krankenhaus nach Hause holen zu können, um Abschied zu nehmen.

Petrus gestaltete die Trauerfeier mit Ritualen. Danach trugen wir die Urne mit Ernsts Asche abwechselnd zur Grabstelle. Dieses Gefühl, die Urne in meinen Händen, ihm ein letztes Mal so nah sein zu können, werde ich nie vergessen. Petrus, das war wichtig für mich, danke.

Auch als Klara im Sommer starb, trugen wir Trauergemeinde die Urne mit ihrer Asche je ein Stück bis zu ihrem Baum im Friedwald. Klaras Wunsch war immer, unter einem Baum sterben zu dürfen. Das konnten wir ihr nicht ermöglichen, doch ruht ihre Asche nun unter dem von ihr ausgesuchten Baum, neben der von ihrem Dieter und den Kätzchen.

Fast jedoch hätten wir Klara unter den falschen Baum gebettet. Wenn sie uns von dort, wo sie jetzt ist, beobachtet hat, dann hat sie sich mit Sicherheit ausgeschüttet vor Lachen. So wie wir ob unseres Missgeschicks. Ihr kleiner Neffe brachte es dann auf den Punkt: „Schad um sie!"

Ulrike

Die berühmteste Friedhofsgeschichte ist die vom leeren Grab. Da kam der Stein ins Rollen. Das Gerücht bekam Beine. Jesus habe sich mit Maria Magdalena aus dem Staub gemacht.

Innere Ruhe

Lieber Petrus,

Wenn ich an Dich und Deine Bücher denke, dann fällt mir vor allem Dein JESUS Buch ein. Ich habe es schon zigmal ausgeliehen und nie zurück bekommen. So bin ich zur Zeit mal wieder ohne Dein JESUS Buch.
  Das mag ich so!
  In Deinem Buch *Denk Zettel* lese, betrachte ich zur Zeit immer abends *Innere Ruhe*.
  Ruhig leben, in sich selbst ruhen. Das kann ich nicht oft genug lesen, wenn ich wieder außer mir bin.
  Kein anderer sein wollen. Die anderen anders sein lassen und zu meinem eigenen So-sein zu stehen. Den eigenen Weg, täglich, weitergehen.
  Wie oft werde ich abgelenkt, meine ich es anderen recht machen zu müssen und verliere oft den eigenen Weg aus dem Blick. Ich denk an die Weisen im Advent, sie folgten ihrem eigenen Stern. Und immer wieder in sich zur Ruhe kommen, spätestens abends wieder bei mir zuhause ankommen. Die eigenen Aufgaben, sich zu Herzen nehmen, sie nicht nur im Kopf lassen, sondern sie im Herzen durchfühlen. Der eigenen Berufung treu bleiben, wozu wir auf der Welt sind.
  Diesen Denk Zettel bedenke ich zur Zeit immer wieder neu.

Innere Ruhe

*Ruhig leben,
in sich selbst ruhen,
kein anderer sein wollen,
niemandem nacheifern.*

*Den eigenen Weg
täglich weitergehen
und immer wieder
in Ruhe zu sich kommen.*

*Die eigenen Aufgaben
sich zu Herzen nehmen,
seine Berufung erfüllen:
dazu sind wir auf der Welt.*

Denk Zettel, S. 85

Sei herzlich umarmt und gesegnet und gesalbt lieber Petrus, nicht nur für Deine Bücher, vor allem durch Dein Lebenszeugnis

Roland

Am ersten Tag vorwärts gelesen, am nächsten Tag von hinten nach vorne.

Dann bei Seite 85, Innere Ruhe flossen die Tränen.

Noch im Sinne des Textes entstand das Foto.

Susanne

Weit wirken Worte

Lieber Papa

Welch schöne Idee, Deine Leser/Innen hier zu Wort kommen zu lassen. Gerade in der heutigen Zeit tut es gut, miteinander ins Gespräch zu kommen und aufeinander zuzugehen.

Viel zu schnell urteilen wir über andere, oft reicht schon ein Wort und wir meinen zu wissen, was der andere sagen möchte, wie er denkt, wer er ist, was ihn ausmacht.

Das Leben ist so facettenreich, so bunt und schon immer hat mich das Gebet der Indianer, das du auch in deinen Büchern aufgegriffen hast, fasziniert.

Großer Geist hilf mir, dass ich niemand richte, ehe ich nicht einen Mond lang in seinen Mokassins gegangen bin.

Als wir Kinder waren, hast du uns früh gelehrt, nicht vorschnell zu urteilen. Du erzähltest von Menschen, die zu Mördern wurden, fragtest uns, wie wir gehandelt hätten, wenn wir mit den Schuhen des anderen unterwegs gewesen wären.

Beeindruckt hat mich aber auch eine andere Begegnung mit dir. Die genauen Umstände weiß ich nicht mehr. In meiner Erinnerung hast du diesen Satz auch nur einmal gesagt. Ich muss dir wohl irgendwas vorgeworfen haben. Du aber sagtest nur ganz klar und knapp: „Diesen Schuh ziehe ich mir nicht an." Da stand ich nun – konnte niemandem die Schuld in die Schuhe schieben und wurde durch die klare Ab-Grenzung erst einmal auf mich selbst zurückgeworfen. Dass ich diesen einmaligen Satz bis heute nicht vergessen habe, zeigt, wie mächtig Worte sein können. Sie wirken, wirken manchmal weiter. Manchmal ist der Weg weit. Bei mir hat es lange gedauert, bis die Essenz dieser Begegnung bei mir angekommen ist. Welch Chance bietet sich, wenn man den Schuh, der unbequem ist, nicht einfach jemandem vor die Füße werfen kann, sondern selbst schauen muss, warum der Schuh drückt. Warum es schwer ist mit diesem Schuh auf seinem Lebensweg ein Stückchen weiterzukommen.

Wenn man bei sich einkehrt, kann es wie mit einem Verdauungsspaziergang sein. Vielleicht liebe ich daher das flämische Wort für spazieren so sehr: wandelen.

Denn ich bin überzeugt, dass, wenn man bei sich selber ankommt, man der großen Liebe begegnet, die alles wandeln kann.

Du kannst nicht
zu Gott kommen,
wenn du dir selbst
im Weg stehst.

Du kannst Gott
nicht finden,
wenn du nicht
zu dir selbst kommst.

Gott kann nicht
deine Zuflucht sein,
wenn du vor dir selbst
auf der Flucht bist.

Komm zu dir,
so findest du Gott.

Fünf Minuten Stille – S. 34

Lieber Papa, dieses Buch hast du mir zu meinem 15. Geburtstag geschenkt. Ein Teil der Widmung heißt:

*Lauf nicht herum,
geh deinen Weg.*

*frag nicht „warum?"
reich deine Hand*

Das ist so schön, denn es vereinigt, was für mich im Leben immer wichtiger wird: bei sich selbst bleiben, andere sich selbst sein lassen und dennoch für andere da zu sein und nicht allein durchs Leben zu gehen.

Deine Anne

Nachwort

Es weiß keiner von uns, was er wirkt
und was er Menschen gibt.
Es ist für uns verborgen und soll es bleiben.
Manchmal dürfen wir ein klein wenig davon sehen,
um nicht mutlos zu werden.

Albert Schweitzer

Wie wahr! Ich bin überzeugt, dass jede, jeder von uns anderen mehr gibt als er selber weiß. So sehe ich dieses Buch auch als eine Ermutigung, uns gegenseitig zu sagen, wie froh und dankbar wir sind, dass wir einander haben: „Gut, dass es dich gibt." – „Schön, dass du da bist." – „Ich brauche dich!" Wir sind aber nicht nur die Gebenden, wir bekommen viel, mehr als uns bewusst ist.

Dies ist kein Buch für Schnellleser. Es gibt so manche Stelle, die uns anhalten, innehalten lässt. Haltestellen. Vielleicht ist es auch nur ein Satz, der uns nicht mehr loslässt. Ein Satz, der sitzt, uns zur Auseinandersetzung zwingt.

Besonders berührt hat mich die Geschichte von Helmut, (Siehe S. 99), der sich im Gefängnis selbst das Lesen und Schreiben beigebracht hat. „Für mich ist es mittlerweile unvorstellbar ohne das schriftliche Wort leben zu können. Mittlerweile muss auch ich eine Brille tragen und die schlimmste Vorstellung für mich wäre, nicht mehr lesen und schreiben zu können." Lesen und Schreiben, wahre Lebensmittel – nicht nur hinter Gittern.

Ich lebe zuweilen von vier, fünf Zeilen, die ich an dem Tag schreibe. Und oft brauche ich nur ein paar Sätze zu lesen, um „gesättigt" zu sein. Von leichter Lektüre allein können wir nicht leben. Nur Toast genügt nicht. Wir brauchen Schwarzbrot für die Seele. Ein körniger Kernsatz. Ein Weisheitsspruch. Ein Gedicht, das uns Kraft gibt. Ein Bibelvers, der uns Mut macht. Ein Wort, das trägt, tröstet – bei aller Traurigkeit.

Manchmal kommt es uns so vor, als wären wir die Einzigen, die dieses oder jenes durchmachen. Da tut es gut, zu lesen, dass auch andere unsere Not kennen, den Schmerz durchleiden. Dadurch fühlen wir uns in unserem Leid nicht mehr so allein und unverstanden. Beim Lesen geht uns manchmal ein Licht auf. Plötzlich leuchtet uns ein, was bis dahin dunkel war. Durch die Texte anderer kommen wir uns selbst auf die Spur. Lesend schauen wir in einen Spiegel und sehen uns genau beschrieben. Schwarz auf weiß steht da, was wir denken, wie wir fühlen. Es tut uns gut, dass andere in Worte fassen, was wir selbst nicht sagen können. Und wenn uns dann jemand noch aus der Seele spricht …

Lesen als Lebenshilfe. Literatur als Quelle, aus der wir Kraft schöpfen. Wir lesen nicht nur …

Wir schreiben alle unser Buch

Jeden Tag schreiben wir eine Seite.
Und jedes Blatt hat zwei Seiten.
Die Rückseite schreibt ein Füller,
den wir nicht in der Hand haben.

*Das Buch unseres Lebens
ist nicht leicht zu lesen.
Vom Ende her können wir
unsere Geschichte besser verstehen.*

*Unser Buch hat viele gute Seiten.
Ist einiges auch schiefgelaufen,
die Liebe schreibt gerade
auf krummen Zeilen.*

Was andere in unser Lebensbuch hineinlesen, steht auf einem anderen Blatt.

Manche lesen aus unserer Geschichte wie aus einem Gemälde etwas heraus, was nicht drin ist. Weil ich Petrus heiße, heißt das nicht, dass ich mit einem Heiligenschein auf die Welt gekommen bin. Mein erstes Wort war nicht Jesus. Mamma mia.

Petrus ist der mit den Schlüsseln. Ich habe im Gefängnis viele Zellentüren aufgeschlossen, um mit dem Eingeschlossenen in meinem Zimmer ein Gespräch unter vier Augen zu führen. Sonntags stand ich auf weichen Beinen vor den Gefangenen und merkte, dass die Gebetssprache für „Knackis" eine Fremdsprache war. Gnade, Erbarmen, Vergebung sind Fremdwörter in einem Haus, in dem Vergeltung abgegolten, abgesessen wird. Und so habe ich angefangen, frei aus dem Herzen zu beten, Sorgen und Nöte der Insassen offen vor Gott auszusprechen. *Hinter Gittern beten* hieß mein erstes Büchlein und erschien 1978 im Herder-Verlag.

Obwohl ich nun schon vor dreißig Jahren aus dem Gefängnis „entlassen" wurde, finden sich immer noch viele Insassen in meinen Texten wieder. Manche glauben, dass ich selbst gesessen sei, sonst hätte ich ihre Gefühle und

Gedanken nicht so treffend beschreiben können. Ein schönes Kompliment.

Menschen in Not tut es gut, wenn ihr Leid in Worten ausgedrückt wird. Aber es gibt Grenzen. Die Schmerzgrenze ist oft auch die Sprachgrenze. Der Schmerz geht zuweilen so tief, dass es dafür kein Wort gibt. *Kindesmissbrauch* ist nichtssagend angesichts des unsäglichen Leids der Betroffenen. (Siehe S. 79)

Auch für die Liebe reicht unser Wortschatz nicht aus. Alle Beschreibungen kommen zu kurz. „Liebe ist mehr als vier nackte Beine im Bett." – „Stark wie der Tod ist die Liebe." Die Liebe ist nach dem Ableben des geliebten Menschen oft sogar stärker, lebendiger als zu Lebzeiten. Sind die Toten überhaupt tot? Sie gehen weiterhin mit uns durchs Leben, berühren uns noch immer.

An der letzten Grenze kommen Worte an ihre Grenzen. „Warum man denn ‚Sterben' sagt, weiß ich wirklich nicht …", gibt uns Dietrich Bonhoeffer im KZ zu denken. Das Wort *sterben* ist auch deshalb bedenkenswert, weil es ein aktives Verb ist, so als hätten wir unser Sterben in der Hand und wären wir selbst die Handelnden. In den alten Sprachen ist Sterben passiv. Moritur. Der Mensch erleidet den Tod.

Worten nachspüren, nachdenken, Gedanken nachgehen, nachsinnen, überlegen, überdenken, durchdenken, zu Ende denken, umdenken, mit dem Herzen denken, mit dem Kopf fühlen, Verständnis haben für das, was der Verstand nicht versteht. Wer versteht, verurteilt nicht, er verzeiht.

Wenn andere uns nicht verzeihen, wird das Leben schwer. Wenn wir anderen nicht verzeihen, wird das Sterben noch schwerer.

*Weiterdenken,
nicht weiter grübeln –
das führt in die Grube.*

*Weiterschreiben,
was das Leben uns
ins Buch schreibt.*

*Weiterspinnen,
so gut wir können,
spannend.*

*Weitergeben,
was wir selbst
geschenkt bekommen.*

*Weitersehen,
nicht nur bis zum Horizont,
dahinter geht es weiter.*

*Weitergehen,
bis es eines Tages
weiter nicht mehr geht.*

*Endstation.
Exitus = Ausgang.
Wohin?*

Wohin? Woher? Warum? Was ist der Sinn? Was geschieht nach dem Tod? Gibt es Gott? Wer weiß es schon? Wir schaffen es oft nicht einmal, einen Sinn aus einer Krankheit oder einem Unglück herauszulesen. Vielleicht enthält alles, was uns zugemutet wird, eine versteckte Botschaft. Es gibt mehr als wir sehen. Wenn wir nur das erkennen, was wir erklären können, verstehen wir nicht viel. Schicksal, sagen wir, wenn wir nicht wissen, warum etwas passiert ist. Und auch der sogenannte Zufall vermag nicht zu erklären, was da zeitlich zusammenfällt. Mancher Text fällt mir zu. Woher weiß ich nicht. Aber durch Nachdenken wäre ich nie draufgekommen. Ab und zu, hier und dort fällt ein Stückchen Himmel auf die Erde. Uns in den Schoß.

In diesem Monat werde ich 79 Jahre. Ganz schön alt. Eigentlich bin ich immer noch der „Alte", der am 11. Februar 1943 zur Welt kam. Welche Wege wir auch gehen, wie sehr wir uns – äußerlich und innerlich – auch verändern, wir bleiben doch immer das Geschöpf, das wir immer schon waren und wir auch dann noch sein werden, wenn wir nach Hause gehen.

Seit ich weiß, dass ich unheilbar krank bin, erlebe ich jeden neuen Tag als ein kostbares Geschenk. Wer denkt, dankt. Danke ist der schönste Gedanke! Natürlich habe ich immer schon gewusst, dass ich einmal werde sterben müssen. Aber da lag das Ende noch in weiter Ferne. Nun aber ist mir das Wissen um meine Endlichkeit viel bewusster. Wenn jemand vom nächsten Sommerurlaub spricht, ist das für mich weit weg. Geschweige denn die nächste Europameisterschaft, die nächste Bundestagswahl …

Ich habe eine andere Zeitrechnung und halte mich an dem Spruch: „Lebe in der Vergangenheit, wenn du traurig sein willst, lebe in der Zukunft, wenn du ängstlich sein willst und wenn du glücklich sein willst, dann genieße den Moment." Jetzt ist der Moment, jeden Augenblick intensiv zu erleben.

Ich glaube: Was das Leben an Länge verliert, kann es an Tiefe gewinnen. Tiefer schauen, ein Auge haben für das Wunder, das in allem steckt, sich hinter allem verbirgt, den Grund unseres Seins suchen, den Ur-sprung, den springenden Punkt finden, im großen Ganzen und im eigenen Leben. Einer Ei-Zelle entsprungen bin ich ein Mensch geworden, wie Milliarden andere auch und doch anders als alle anderen: einmalig, einzigartig, wenn auch nicht immer artig. Eigenartig ist meine Vorliebe für das Zweideutige. Was das zu bedeuten hat, frage ich mich – als hätte ich zwei Ichs. Ich habe ja auch zwei Namen: Petrus und Paul – und einen Decknamen: Peter Silie. Ach ja, so ein paar Petersilienbüsche und ein Beet grüner Bohnen auf meinem Grab wären doch auch ganz nett. Ich möchte nicht immer nur die Radieschen von unten ansehen.

Noch aber schmeckt mir mein Wortsalat. Weiter geht´s über Stock und Stein in die dunkle Nacht hinein. „Die Mitte der Nacht ist der Anfang eines neuen Tages." Schauen wir mal.

Mein Lebensbuch ist erst zu Ende, wenn sich der Deckel schließt. Bis dahin halte ich die Augen offen und die Ohren steif!

Euer Petrus
im Februar 2022 am Fuße des Hohenaspergs

Der Petrus-Segen

Bitten wir den Himmel um seinen Segen.

Dass er uns hilft, dass wir einander zum Segen werden.

Begleite uns auf all unseren Wegen und Umwegen, bis wir zu guter Letzt ans Ziel gelangen und das Zeitliche segnen.

Segne unsere Augen, damit wir in all dem Dunkel auch das Licht sehen, den Lichtblick, den Hoffnungsschimmer …

Segne unsere Ohren, damit wir hören, was andere uns mitteilen, wie sie ihre Sorgen, ihren Kummer, Freud und Leid mit uns teilen möchten.

Segne unseren Mund, damit wir zur rechten Zeit das richtige Wort sprechen.

Segne unsere Arme. Du hast sie uns gegeben, damit wir einander umarmen und uns angenommen fühlen als die Menschen, die wir sind, nun mal geworden sind.

Segne unsere Hände, damit wir das Loslassen lernen und das Streicheln nicht verlernen.

Segne unsere Beine, damit wir einander beistehen und begleiten auf dem Weg durch das Leben, auf unserem Heimweg.

Segne unsere Herzen, damit wir ein weites Herz bekommen..

Du hast ein Herz für uns alle. Ob wir leben oder sterben, du hältst uns alle in deiner gütigen Hand.

So segne uns der barmherzige Gott, Er lasse sein Angesicht über uns leuchten und sei uns gnädig, Er schaue auf uns und schenke uns seinen Frieden. Amen.

Verwendete und weiterführende Werke

S. 8: *So wie ich bin – Gespräche mit Gott,* 1982, Patmos-Verlag, Düsseldorf

S. 12, 50, 72: *ver-durch-bei-ein-be-ge-auf STEHEN,* 2006, Verlag Kath. Bibelwerk, Stuttgart

S. 15, 25, 45, 57, 60, 65, 92, 120, 127: *Denk Zettel – Aus meiner bunten Lebensbibel,* Dignity Press, 2021, Lake Oswego/Dörzbach

S. 18: *Jeden Tag neu – Anstöße zum Aufstehen,* 1992, Schwabenverlag, Ostfildern

S. 20: *Ja, aber Nein Doch,* 2019, Dignity Press, Lake Oswego/Dörzbach

S. 26, 69: *Jeden Tag neu – Anstöße zum Aufstehen,* 1986, Patmos-Verlag, Düsseldorf

S. 28: *Verwundet – vernarbt – verwandelt,* 2018, Dignity Press, Lake Oswego/Dörzbach

S. 30: *Wachsen wie die Steinpalme – Sein Schicksal annehmen,* 2011, Patris-Verlag, Vallendar

S. 35: *Was wir so sagen,* 1996, Schwabenverlag, Ostfildern

S. 39: *Hinter Gittern,* 4. Auflage 2008, Eigenverlag

S. 41, 74, 83, 84: *Eingeschlossen – Ausgeschlossen,* 1983 Patmos-Verlag Düsseldorf

S. 41: *Worüber man nicht spricht – Menschen am Ende,* 2000, Schwabenverlag, Ostfildern

S. 42: *Zunehmen erwünscht – der Fastenkalender,* 2011, Verlag Kath. Bibelwerk Stuttgart

S. 48: *Die Kunst des Schweigens – Trost in Trauer und Leid*, 2016, Camino/Verlag Kath. Bibelwerk

S. 54, 55: *Jeden Tag neu – Anstöße zum Aufstehen*, 1986, Patmos-Verlag Düsseldorf

S. 57: *Plappergeil – 50 Hörproben aus dem Leben*, 2017, Camino/Verlag Kath. Bibelwerk, Stuttgart

S. 63: *Am Rand – Mitten unter uns*, Dignity-Press, 2016, Lake Oswego/Dörzbach

S. 64: *Ich bin da für dich*, 2017, Camino/Verlag Kath. Bibelwerk, Stuttgart

S. 48, 67: *Die Kunst des Schweigens – Trost in Trauer und Leid, 2016, Camino/Kath. Bibelwerk, Stuttgart*

S. 67: *Du fehlst mir – Gespräche mit Verstorbenen*, 2007, Verlag Kath. Bibelwerk Stuttgart

S. 68: *Über Stock und Stein*, 2019, *Dignity Press, Lake Oswego/Dörzbach*

S. 75: *Dich schickt der Himmel – Engel brauchen deine Flügel*, 2014, Verlag am Eschbach

S. 76: *Gut, dass es dich gibt – Jesus spricht mit Menschen von heute*, 2003, Kösel-Verlag, München

S. 79: *Nur der Titel fehlt noch – Mein letztes Buch!?* 2018, Dignity Press, Lake Oswego/Dörzbach

S. 89, 90: *Jeden Tag neu – Anstöße zum Aufstehen*, 1986, Patmos-Verlag, Düsseldorf.

S. 94, 95: *Trau dem Leben – Worte, die Mut machen*, 2015, Verlag Kath. Bibelwerk, Stuttgart

S. 96: *Verwundete Engel – Begegnungen mit Menschen am Rand*, 2010, Verlag Kath. Bibelwerk Stuttgart

S. 104, 105: *Auf einen Espresso – 365 Inspirationen für das Jahr, für das ganze Leben, 2016,* Verlag Kath. Bibelwerk, Stuttgart

S. *110, 111: Jeden Tag neu – Anstöße zum Aufstehen, 1999,* Schwaben Verlag Ostfildern

S. 113: *Den Abschied buchstabieren – Das Zeitliche segnen,* 2010, Verlag Kath. Bibelwerk Stuttgart

S. 118, 119: *Am Rand – Mitten unter uns, Mein Lebensbuch,* 2016, Dignity Press, Lake Oswego/Dörzbach.

S. 121, 123, 124: *Halt, die Ohren steif – 99 Friedhofsgeschichten,* 2014, Dignity Press, Lake Oswego/Dörzbach

S. *130, 131: Fünf Minuten Stille,* 1987, Patmos-Verlag, Düsseldorf

S. 134: *Hinter Gittern beten,* 1978, Herder-Verlag, Freiburg

Ingram Content Group UK Ltd.
Milton Keynes UK
UKHW020634160623
423446UK00001B/8